52 leçons de leadership

inspirées d'histoires vraies

Groupe Eyrolles
61, Bd Saint-Germain
75240 Paris Cedex 05

www.editions-eyrolles.com

ISBN : 978-2-212-56565-2

Yvan Gatignon

Les chocolats du management

52 leçons de leadership

inspirées d'histoires vraies

EYROLLES

Remerciements

Merci à mes clients qui m'ont apporté leur confiance pour ce projet.

Merci à mes collègues de Korda & Co, sources d'inspiration permanente, à qui je dois la plupart des conseils de ce livre.

Ce projet a trouvé son sens dans la présence chaleureuse et les encouragements de Juliette, Émile, Noémie, Hélène et Sarah.

Sommaire

Préface

Une belle histoire est un cadeau. Un cadeau apprécié qui suscite la curiosité, la surprise, la joie et la gratitude. Un cadeau qui dure, car il laisse souvent un souvenir fort. Un cadeau utile aussi, puisqu'il aide, à certains moments de la vie, à comparer, à relativiser et à réfléchir.

Une belle histoire inspire les enfants. D'abord vient le conte, qui façonne notre vision du monde – si puissamment, d'ailleurs, qu'il nous faut parfois du temps pour apporter à celle-ci quelques nuances. Et admettre, par exemple, que les jeunes filles peuvent avoir d'autres ambitions que celle d'épouser un jour un prince charmant.

En grandissant, nous développons une fascination pour les récits authentiques, notamment biographiques : héros de guerre et militants de la paix, génies des sciences et maîtres des arts, virtuoses du sport et entrepreneurs de légende, les personnages au destin extraordinaire nous fascinent. Avec l'association Énergie Jeunes, des dizaines de milliers de collégiens, dans des quartiers défavorisés, sentent ainsi soudain se révéler leur motivation à travailler à l'école, simplement grâce à de courtes vidéos présentant le témoignage de personnes au parcours exceptionnellement méritoire.

Dans le monde de l'entreprise également, les récits authentiques passionnent. En Europe, aux États-Unis, en Amérique latine, en Afrique, au Japon, en Chine, partout où avec Korda & Company nous conseillons des dirigeants et formons des managers, le constat est le même : on ne s'approprie vraiment un concept que quand celui-ci a d'abord été illustré par l'histoire vraie d'un succès inattendu ou d'un échec retentissant.

Pour les plus âgés et les plus sages d'entre nous, c'est encore une autre forme de belle histoire qui nous émerveille : la fable, qui selon Phèdre « a le double mérite de susciter le rire et donner une leçon de prudence ». Nous détestons tous, habituellement, les « donneurs de leçons ». Pourtant, les fabulistes, d'Ésope à La Fontaine, nous enchantent autant qu'ils nous élèvent.

Yvan Gatignon est un homme aux multiples talents. Formé aux meilleures écoles, tant sur le plan académique que par son parcours professionnel, il est aussi un formidable conteur, capable de donner une conférence pour des dirigeants le matin et de s'atteler, le soir venu, à l'écriture d'une comédie musicale pour enfants.

Épris à la fois de rigueur scientifique, d'humour et de sagesse, il s'appuie sur des événements et des faits avérés pour faire de chacun de ceux-ci un récit authentique et une fable pleine de sens.

Ces « chocolats du management » sont un cadeau. Ils se partagent entre amis, se dégustent par petites bouchées et se commentent comme on le fait de grands vins. Enfin, par les multiples fragments d'intelligence qu'ils contiennent, ils constituent un cadeau que l'on peut, sans mauvaise conscience ni remords, offrir à son tour. Savourons !

Philippe Korda

Président fondateur de Korda & Company et de l'association Énergie Jeunes

Introduction

Cher lecteur, chère lectrice, voici l'histoire de ce livre.

Il y a dix ans, j'étais chef de gare. En général, quand je dis cela, les gens m'imaginent avec une casquette et un sifflet. Cette vision m'amuse... mais elle est assez loin de la réalité. Imaginez plutôt un directeur d'usine. J'avais 31 ans et je dirigeais la troisième plus grosse gare de triage de France, Le Bourget, en Seine-Saint-Denis. J'encadrais 250 personnes.

Un chef de gare ne suit qu'un seul indicateur qualité. Voilà qui est bien pratique : un seul indicateur résume tous les autres. Cet indicateur, c'est la ponctualité des trains au départ. Si les trains partent à l'heure, c'est que tout va bien dans la gare. S'ils partent en retard, c'est qu'il y a un problème. Peut-être un locotracteur en panne, des travaux sur la voie, un agent qui a pris son service en retard, un problème d'organisation ? Si un train part en retard, il faut comprendre ce qui s'est passé.

Je me souviens d'un train qui nous donnait du fil à retordre. C'était le train de 6 h 16 pour Lyon. Depuis plusieurs jours, il partait avec un petit retard, mais un retard tout de même ; 5 à 10 minutes, pas plus. Cela dégradait mes statistiques. Nous avons étudié la situation en détail, ce train avait tout pour partir à l'heure. Alors, je décidai d'aller voir sur place.

J'arrive à 6 h, je discute avec l'équipe, on prend le café. Je bavarde avec le tout jeune conducteur du train pour Lyon. Le temps passe. Il est déjà 6 h 10. Je lui fais remarquer qu'il va finir par mettre le train en retard. Le jeune garçon me répond : « Bah, ce n'est pas bien grave, les clients ne sont pas à 5 minutes près ! »

Sa réponse était une bonne et une mauvaise nouvelle. Une bonne, car j'avais trouvé la cause du retard du train : le conducteur n'avait tout simplement pas compris l'importance de partir à l'heure ! Ce matin-là, j'ai pris quelques minutes pour la lui expliquer. Mes arguments ont dû le convaincre car, les jours suivants, ce train n'est plus parti en retard. Mais c'était aussi une mauvaise nouvelle car elle remettait en cause tout ce que je croyais savoir.

J'ai fait mes études à HEC. L'école se donne pour ambition d'apprendre à ses élèves à « diriger une entreprise ». Elle y arrive en partie. J'y ai appris la finance, le marketing, le contrôle de gestion, la stratégie. Malheureusement, vous pouvez avoir la meilleure stratégie du monde, si vos équipes ne l'appliquent pas, elle ne sert à rien. Aucun des cours que j'avais reçu ne m'aidait à remplir ma mission : faire en sorte que le train pour Lyon parte à l'heure ! J'avais 30 ans passés quand j'ai découvert l'évidence : la performance d'une entreprise vient d'abord de ses hommes et ses femmes. Et cela, on ne l'apprend pas à l'école.

Parfois, on ne l'apprend pas non plus en entreprise. L'entreprise aime la rationalité, l'organisation, les processus. Beaucoup d'entreprises font semblant de croire qu'il suffit de demander quelque chose aux salariés pour qu'ils le fassent. L'entreprise se concentre sur les processus et laisse les managers gérer les hommes. Or, cette partie est de loin la plus difficile ! De nombreux managers sont désemparés. J'ai été pendant des années un manager désemparé. On m'avait appris à écrire de beaux documents, à préparer de belles synthèses, à faire de belles analyses. On ne m'avait pas préparé à gérer un collaborateur récalcitrant, à m'exprimer devant une équipe, à prendre des décisions sous stress. C'est paradoxal, n'est-ce pas ? On m'avait préparé à des choses que je faisais très rarement, et on ne m'avait pas du tout préparé à ce que je faisais au quotidien.

Cela va faire dix ans que je suis consultant. J'accompagne des entreprises dans leurs transformations. Soyons précis : j'accompagne des hommes et des femmes qui accompagnent leurs entreprises dans leurs transformations. Je n'ai pas oublié les leçons apprises, je connais la difficulté du métier de manager. Je me souviens avoir cherché des moyens d'apprendre. J'avais demandé conseil à des collègues plus âgés. Je voulais aussi trouver un livre qui m'aide au quotidien. Je ne voulais pas d'un livre docte, universitaire, ennuyeux. Comme tous les managers, j'avais très peu de temps pour lire. Je voulais un livre qui me raconte des histoires et qui me donne des conseils concrets.

Je ne l'ai pas trouvé. Alors, je l'ai écrit. Vous le tenez entre vos mains.

Comment réfléchissait Albert Einstein ?

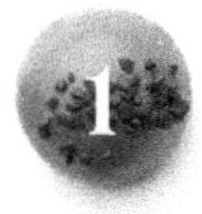

#réfléchir #questionnement #DéveloppementPersonnel

Albert Einstein a été l'un des intellectuels les plus féconds du XXe siècle. Esprit curieux, avide d'apprendre, sa contribution va du champ scientifique au monde des idées. Il avait une façon bien à lui de réfléchir. L'origine de son succès ? Sa capacité à se poser des questions.

1905. Einstein a 26 ans. Il n'a encore rien publié, il n'a même pas été reçu à son doctorat. Les phénomènes de la nature sont pour lui une source d'émerveillement quotidien. Il se pose sans cesse des questions : qu'est-ce que la gravité ? À quoi ressemble visuellement un champ magnétique ? Imaginons que j'accompagne un rayon de lumière, qu'est-ce que je verrai ? Ces questions l'amènent à publier quatre articles qui révolutionnent la physique. Le premier montre que la lumière se comporte comme une onde, mais aussi un flux de particules : c'est la découverte des photons. Le deuxième porte sur le mouvement brownien et prouve l'existence des atomes (qui n'étaient qu'une hypothèse à l'époque). Le troisième formule une équivalence entre la masse et l'énergie qui sera résumée plus tard par $E = mc^2$. Le quatrième illustre parfaitement la pensée d'Einstein.

Einstein imagine un train qui traverse sans s'arrêter la gare de Berne. Un homme est sur le quai et une femme dans le train. À un moment donné, l'homme et la femme sont à la même hauteur. Einstein s'interroge : que se passerait-il si deux éclairs tombaient simultanément, l'un à l'avant du train, l'autre à l'arrière ? Pour l'homme qui est sur le quai, ces deux évènements sont simultanés. Mais la femme dans le train observe un léger décalage : parce que le train se déplace, la lumière de l'éclair tombant à l'avant du train lui parvient plus vite que celle de l'éclair tombant à l'arrière du train. Pour elle, les deux éclairs ne sont pas simultanés. Ce qui est simultané pour l'homme ne l'est pas pour la femme. Le temps absolu n'existe pas, le temps est relatif et dépend du mouvement. « Badaboum », la physique newtonienne s'effondre. Einstein pose les bases de ce qui deviendra la relativité générale.

Avant-guerre, Einstein fuit le nazisme et s'installe aux États-Unis. Il poursuit ses travaux à l'université de Princeton. La pièce où il travaille n'a pas de table. Un étudiant l'interroge : « Monsieur Einstein, pourquoi n'avez-vous pas de table dans votre bureau ? » Einstein répond qu'il n'en a pas besoin. Il réfléchit toute la journée, assis sur sa chaise, et couche ses réflexions sur le papier une fois rentré à la maison. Einstein raconte à l'étudiant l'origine de sa fécondité intellectuelle : « Lorsque j'étais enfant, ma mère m'a offert un livre de Bernstein. Il fallait répondre à des questions en faisant des expériences par la pensée. Par exemple, je devais imaginer ce qui se passe quand une balle de pistolet traverse un train lancé à vive allure. J'ai aimé cet exercice. Il ne m'a fallu ni papier ni crayon pour calculer l'angle entre la balle et le train. J'ai réalisé tout ce qu'on pouvait faire simplement en se posant les bonnes questions. C'est ce que j'ai fait toute ma vie : j'ai cherché des questions à résoudre. »

Einstein est à l'origine de la bombe atomique américaine. Mais après-guerre, il se convertit au pacifisme après s'être demandé ce qui se passerait si tous les pays se dotaient de la bombe atomique. Il convainc alors les Nations unies de contrôler les programmes nucléaires nationaux. Comme quoi certaines questions peuvent changer le cours de l'histoire…

Décryptage

« Un problème sans solution est un problème mal posé. » Cette citation d'Albert Einstein résume son génie. Si vous ne trouvez pas la solution de votre problème, arrêtez de chercher et posez-vous un instant : avez-vous vraiment compris le problème ? Tout l'art d'Einstein a été de se poser les bonnes questions. Cette remise en cause permanente lui a permis de progresser tout au long de sa vie. Elle est portée par une curiosité sans limites et par une volonté farouche d'apprendre sans arrêt et dans tous les domaines. Einstein s'intéressait autant à la physique des particules qu'à la musique de Mozart !

Moralité

Pour progresser, ne cherchez pas des réponses, cherchez des questions à résoudre.

Vous entamez la lecture de ce livre. Je vous souhaite d'y faire de belles rencontres et de nombreuses découvertes. Pour en profiter à plein, inspirez-vous d'Albert Einstein : à quelles questions cherchez-vous à répondre ? Quels sont vos défis ? Cherchez, et vous trouverez…

Quatre conseils pour vous développer

1. Faites-en une affaire personnelle

On apprend d'abord par soi-même. En 1996, McCall (Ref. p. 319) Eichinger et Lombardo ont formalisé un modèle montrant que 70 % de ce qu'on sait vient de sa propre expérience, 20 % de l'observation des autres, 10 % de la formation. Le modèle 70/20/10 responsabilise chaque salarié sur son propre développement. L'ambition de ce livre est de vous aider à progresser. Mais il ne peut pas le faire à votre place ! Après vous être interrogé sur vos forces et vos faiblesses, fixez-vous un objectif de développement. Sur quoi souhaitez-vous progresser ? Une lecture guidée vous aidera à focaliser vos efforts.

2. Soyez conscient de votre potentiel

Carol Dweck se présente comme une « psychologue du succès ». Elle a passé sa vie à observer comment se développent les enfants. À 64 ans, à la fin de sa carrière, elle a consigné son expérience dans un livre à grand succès. Elle y montre que tout est question d'état d'esprit. Les enfants qui pensent « je n'y arrive pas » échouent beaucoup plus souvent que ceux qui pensent « je n'y arrive pas encore ». Elle appelle cela le *growth mindset* : dans cet état d'esprit, l'enfant recherche le challenge, accepte les efforts, voit l'évaluation comme une source de progrès, persiste malgré les obstacles, se réjouit du succès des autres qu'il voit comme une source d'inspiration. Selon Carol Dweck, l'école se contente trop souvent d'évaluer l'élève à un instant *t* : il maîtrise ou il ne maîtrise pas telle compétence. Elle plaide pour un minuscule changement sémantique dans les bulletins scolaire : l'élève ne maîtrise « pas encore » telle compétence. Cela l'aidera à considérer son potentiel. Les entreprises ont parfois reproduit le modèle scolaire. Les compétences sont fixées dès l'entrée dans l'entreprise. Le meilleur exemple est la mention du diplôme dans les annonces de nomination, comme si le chemin était tracé à 25 ans. Ne vous arrêtez pas à cela. Nous avons tous un potentiel inexploité. À vous de révéler le vôtre.

3. Progressez pas à pas

Le développement personnel est un long chemin. Il repose sur deux principes importants : faire le premier pas et être régulier. Commencez petit. Si vous voulez vous mettre à la course à pied, évitez une longue séance qui vous donnera des courbatures et vous dissuadera de reprendre. Quel que soit le domaine, le premier pas est le plus difficile. Si vous voulez progresser en anglais, commencez par lire un article par jour sur un site Internet anglais ou américain. Et pas plus ! Idem avec ce livre. Les chocolats se croquent rapidement, mais se digèrent lentement. Évitez l'indigestion ! Chacun vous fournira une histoire inspirante et une méthode simple pour progresser. Pour en tirer profit, n'en abusez pas. Prenez le temps d'assimiler l'histoire et les enseignements que vous en tirerez peu à peu. Limitez votre consommation à un chocolat par semaine…

4. Travaillez à plusieurs

Charles Antoine Brezac a été le *sparring-partner* de Roger Federer. Lui-même tennisman professionnel (239e mondial en 2010), il s'est reconverti par hasard dans l'accompagnement du numéro 1 mondial. « Nous avons grandi ensemble. Ce fut une expérience humaine fabuleuse. » Un manager est comme un sportif de haut niveau, il cherche à progresser en permanence. En lisant ce livre, efforcez-vous de noter les idées principales. Chaque histoire mène à une moralité. Mais selon votre contexte et vos propres clés de lecture, il peut y en avoir d'autres. Notez-les, cela favorisera l'ancrage mémoriel. Mieux, partagez vos trouvailles avec vos collègues. Vous générerez des discussions qui apporteront d'autres angles de vue et enrichiront votre lecture.

Par où commencer ?

Et vous, quel est votre objectif de développement ?

....

....

....

....

Comment ce livre pourra-t-il vous aider à l'atteindre ?

....

....

....

....

Pour aller plus loin : Carol Dweck, *Changer d'état d'esprit : Une nouvelle psychologie de la réussite*, Mardaga, 2010

Sur le thème « Renforcer son efficacité personnelle », voir aussi les leçons 18, 23, 24, 47 et 49.

Quelle a été la première décision de Neil Armstrong après s'être posé sur la Lune ?

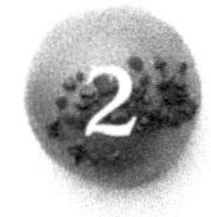

#initiative #oser #leadership

http://bit.ly/2clp1zY

En 1969, l'homme posait pour la première fois un pied sur la Lune. Cette aventure humaine, technique et financière était suivie en direct par des millions de téléspectateurs. Les astronautes étaient surentraînés et savaient précisément ce qu'ils avaient à faire. Pourtant, une fois le module posé sur la Lune, leur première décision a été de désobéir.

Neil Armstrong et ses deux coéquipiers quittent la terre le 16 juillet 1969. C'est l'aboutissement d'un projet gigantesque qui a mobilisé

500 000 personnes pendant huit ans (vous avez bien lu !). La prouesse technologique est totale. Le premier étage de la fusée, qui ne sert que pendant 2 minutes et 10 secondes, consomme autant d'énergie que la production journalière de l'ensemble des barrages hydrauliques du continent américain. *Eagle*, le véhicule lunaire, est l'engin le plus sophistiqué jamais conçu.

Les astronautes mettent trois jours à rejoindre la Lune. C'est le premier direct télévisuel en mondovision. Cinq cent millions de paires d'yeux suivent leur aventure en direct. Après une descente périlleuse, Neil Armstrong réussit à poser le module lunaire. À Houston, la joie est immense. Depuis le bureau ovale de la Maison blanche, le président Nixon, fou de joie, félicite chaleureusement l'équipe. Armstrong quitte son poste de commande. Mais, à la plus grande surprise du centre de commande, ce qu'il va faire n'est pas écrit dans la feuille de route.

La descente vers la Lune a duré des heures et elle a été terriblement stressante. Quand Neil Armstrong réussit à poser le module lunaire, il lui reste moins d'une minute de carburant ! Les astronautes sont épuisés. Ils savent bien que des millions de gens ont les yeux braqués sur eux. Mais leur priorité à ce moment-là, c'est de se reposer. Plutôt que d'enchaîner directement et d'enfiler leur combinaison pour sortir du module, ils s'accordent 20 minutes de pause. Houston est mis devant le fait accompli. Quant aux téléspectateurs, ils attendront…

La décision des astronautes s'est avérée payante. Ils ne sont restés que quelques heures sur la Lune mais, reposés, ils ont réalisé l'intégralité de leur programme scientifique. Et même mieux ! Ils ont eu le temps de jouer, courir, sauter. Ces images ont fait le tour du monde. En pleine Guerre Froide, l'Amérique se montre sous un jour particulièrement flatteur : un exploit technologique de pointe réalisé par des hommes sympathiques.

Décryptage

En tant que manager, c'est vous qui connaissez votre situation, ici et maintenant. C'est donc probablement vous qui êtes le mieux placé pour savoir ce qu'il faut faire ! Neil Armstrong n'a pas attendu les ordres de la Nasa. Il a pris la décision de se reposer. Cette initiative était la meilleure chose à faire. C'était une évidence pour lui. Cela ne l'était pas forcément pour les dirigeants de la Nasa, situés à des milliers de kilomètres et sans doute assez déconnectés des contraintes du pilotage d'un module lunaire. En toute responsabilité, sa décision a été de s'abstraire de sa feuille de route, car c'était le meilleur moyen d'atteindre l'objectif.

Neil Armstrong nous donne une belle leçon de leadership. Ce qui est attendu d'un manager, quel que soit son niveau, est de contribuer à l'atteinte des objectifs de l'entreprise. Ce n'est pas d'attendre et d'exécuter bêtement les ordres qui viennent du dessus. C'est de comprendre ces ordres au regard des intérêts de l'entreprise, et de faire ce qu'il faut pour les atteindre. Il faut oser. Ce n'est pas toujours facile, car oser demande du courage. Mais c'est une compétence que les entreprises demandent de plus en plus à leurs collaborateurs. À chaque niveau de l'entreprise, chacun doit faire preuve de leadership.

Moralité

Exercez vos marges de manœuvre !

Quatre conseils pour prendre des initiatives

1. Apprenez à vous connaître

Devenir un leader, c'est d'abord changer de regard sur soi-même. Agir en leader est une décision raisonnée. Elle repose sur la volonté d'apporter sa pierre à l'édifice, de « changer le monde ». Tout le monde ne veut pas le faire de la même manière. Quel genre de leader voulez-vous être ? Nous sommes tous différents. Des tests de personnalité peuvent vous aider à identifier les forces sur lesquelles vous pouvez vous appuyer afin d'écrire « votre propre musique ». La priorité est de bien vous connaître et d'identifier vos préférences personnelles.

2. Soyez proactif

Stephen Covey est l'auteur du plus grand best-seller de la littérature managériale du XXe siècle : *Les 7 habitudes de ceux qui réalisent tout ce qu'ils entreprennent*. Quelle est la première habitude ? « Être proactif : contrôler son environnement plutôt qu'être contrôlé par lui. » Covey distingue le cercle d'influence et celui des préoccupations. Le cercle d'influence correspond à tous les événements sur lesquels nous pouvons agir, tandis que celui des préoccupations correspond à ceux sur lesquels nous n'avons aucun contrôle. L'objectif, selon Covey, c'est d'être proactif en se concentrant sur les moyens d'agir sur ce qui est dans notre cercle d'influence et en arrêtant de se focaliser sur ce que l'on ne peut pas contrôler. S'il pleut dehors, ne vous lamentez pas, prenez un parapluie ! Si la concurrence réduit vos marges, arrêtez de vous plaindre, agissez ! Stephen Covey invite chacun à prendre sa vie en main.

3. Dépassez vos peurs

La peur n'écarte pas le danger. Qu'est-ce qui vous retient ? La peur du conflit, de l'échec, de la solitude, etc. ? Plutôt que de passer son temps à fuir ses peurs, mieux vaut les apprivoiser. Le courage n'est pas l'absence de peur, mais la capacité à avancer malgré elle. En général, nous avons peur de quelque chose qui n'est pas encore là mais que nous craignons par avance. « Le danger, ce n'est pas ce qu'on ignore, c'est ce que l'on tient pour certain et qui ne l'est pas », disait Mark Twain. Par exemple, nous redoutons la réaction de notre chef si nous lui faisons une proposition qui lui déplaît. Pour ne pas vous laisser dominer par vos peurs, parlez-en. Vos collègues vous permettront de prendre conscience qu'il y a peu de chance que votre chef vous reproche de lui faire une proposition. Et même si cela devait arriver, cela ne remettrait pas en cause votre professionnalisme, au contraire ! La plupart du temps, nos craintes sont infondées. Pour avancer, exercez-vous à les dépasser. Fixez-vous des challenges à votre hauteur. Par exemple, si votre peur du conflit vous empêche de recadrer un collaborateur, forcez-vous à le faire malgré tout. Vous sortirez grandi de l'exercice.

4. Prenez du recul

La Nasa avait pour ambition d'envoyer des hommes sur la Lune et de les faire revenir sains et saufs. Au regard de cet objectif, un écart de 20 minutes dans la feuille de route d'Armstrong n'est finalement pas grand-chose. C'est souvent parce que nous regardons les choses de trop près que nous n'osons pas prendre des initiatives. Prenez du recul. D'ici cinq ans, quelle sera votre contribution la plus marquante à votre entreprise ? Une fois que vous aurez répondu à cette question, la pertinence de vos initiatives vous sautera aux yeux. Vos marges de manœuvre sont probablement bien plus grandes que vous l'imaginez.

Par où commencer ?

Quelles initiatives pourriez-vous prendre dès demain pour faire progresser votre entreprise ?

....

....

....

....

Qu'est-ce qui vous retient ?

....

....

....

....

Pour aller plus loin : Stephen Covey, *Les 7 habitudes de ceux qui réussissent tout ce qu'ils entreprennent*, First, 2005

Sur le thème « Développer son leadership relationnel », voir aussi les leçons 3, 17, 35 et 52.

Auriez-vous découvert la grotte de Lascaux ?

#ouverture #curiosité

On a parfois tendance à résumer la découverte de la grotte de Lascaux à un fait du hasard : un jeune homme à la poursuite de son chien tombe nez à nez avec des peintures rupestres vieilles de 18 000 ans. L'histoire est un peu plus compliquée. Même si le hasard a été d'une grande aide, c'est principalement grâce à son comportement admirable que Marcel Ravidat a fait cette découverte majeure.

Nous sommes en 1940. Marcel Ravidat, 17 ans, habite à Montignac en Dordogne. C'est dimanche. Avec six de ses amis, ils partent faire une promenade en forêt accompagnés de leurs chiens. Dans les jours qui précèdent, une forte tempête a fait chuter un arbre, ce qui a ouvert une brèche dans le sol. L'un des chiens tombe dedans. Marcel et ses camarades comprennent qu'il s'agit d'un trou très profond. Étonnant ! Pourquoi y aurait-il un trou à cet endroit de la colline ? Les sept amis élaborent plusieurs hypothèses. Et s'il s'agissait de l'arrivée d'un souterrain menant au château de Lascaux ? Les jeunes aventuriers sont excités par cette idée romanesque et se promettent de revenir.

Le prochain jour chômé est le jeudi, jour de repos scolaire à cette époque. Sur les sept compères, six se dégonflent. Cette histoire de souterrain n'est sans doute qu'un rêve, ils seront mieux à la maison. Marcel part donc seul avec une petite lampe à huile. En chemin, il croise d'autres camarades. Seuls trois d'entre eux décident de le suivre. Ils n'ont pour tout outil qu'un couteau. Armés de patience, ils élargissent le trou jusqu'à ce qu'il permette le passage d'un homme. Marcel passe le premier dans cette ouverture minuscule. L'avancée est difficile, il doit ramper sur le sol pour progresser au milieu des éboulis. Il est ensuite rejoint par les trois autres, peu rassurés dans cet environnement hostile. C'est là qu'ils découvrent, à la lumière de leur lampe à huile chevrotante, des dessins sur les murs. Des animaux sont peints de différentes couleurs. Marcel, Jacques, Simon et Georges se rendent compte qu'ils ont découvert un trésor.

Le lendemain, munis cette fois de lampes à acétylène, de pelles et de pioches, ils repartent à l'aventure. Ils ouvrent petit à petit le puits pour faciliter le passage. Cela leur prendra plusieurs jours. Ils décident de parler de leur découverte à l'instituteur du village, Léon Laval. Mais celui-ci fait la moue. Ce récit de peintures sur les murs n'est sans doute qu'une histoire de gosses inspirée des romans d'aventure. Ce n'est qu'après que l'un des garçons lui a dessiné ce qu'il avait vu qu'il décidera de les suivre. Arrivé devant l'entrée de la grotte, il renonce à nouveau. Il n'a aucune envie de salir ses beaux vêtements en passant par ce trou boueux. Une vieille paysanne qui les a suivis annonce que s'il ne veut pas y aller, elle ira ! Mis au défi et blessé dans son orgueil, l'instituteur se ressaisit et pénètre dans la grotte. Il est alors émerveillé par ce qu'il voit et comprend immédiatement la portée de la découverte : des taureaux de cinq mètres de long, des félins, des chevaux et d'innombrables animaux sont peints sur les parois...

La grotte de Lascaux est l'un des plus importants témoignages de l'art du Paléolithique.

Décryptage

Et vous, auriez-vous découvert la grotte de Lascaux ?

Marcel Ravidat a fait la preuve de grandes qualités : courage, ténacité, pédagogie. Face à la difficulté et au doute, à l'inverse de la grande majorité de ses camarades, il n'a pas renoncé. Sans lui, Lascaux n'aurait jamais été découvert. Ce qui l'a poussé ? La curiosité.

La curiosité est une qualité importante pour un manager, car elle permet de progresser et d'innover. La plupart des innovations exploitent un événement qui pourrait aussi bien passer inaperçu. Un beau jour de 1910, l'une des sœurs Tatin, restauratrice à Lamotte-Beuvron, enfourne un moule à tarte dans lequel elle a oublié de mettre une pâte. S'apercevant de son erreur, plutôt que de jeter les pommes, elle pose une pâte par-dessus. La cuisson terminée, elle présente cette tarte renversée à ses clients, curieuse de leur réaction. Ils la trouvent délicieuse. L'histoire de la tarte Tatin est née. Ce n'est pas seulement le fruit du hasard !

Moralité

La curiosité est la première qualité d'un innovateur.

Quatre conseils pour être ouvert et curieux

1. Ne vous prenez pas trop au sérieux

Les Rolling Stones furent le premier groupe de rock à utiliser un studio d'enregistrement mobile. Cela leur a permis d'enregistrer sur le vif les disques qui ont fait leur succès. Cette innovation majeure pour la musique est-elle née d'une démarche rationnelle ? Pas du tout. C'est d'abord un plaisir d'enfants gâtés ! Amusez-vous. Si vous êtes trop sûr de votre savoir, comme l'instituteur de Montignac, vous risquez de passer à côté des signaux faibles qui vous mèneront vers de nouvelles pistes. Détendez-vous et faites-vous plaisir, c'est le meilleur moyen d'innover !

2. Soignez votre capacité d'attention

En 2014, la BBC a diffusé un petit film intitulé *Change Blindness* (« Aveugle au changement »). Le scénario est le suivant : des comédiens remplacent les guichetiers d'une administration. Lorsqu'une personne se présente au guichet, le comédien lui demande de remplir un document administratif. Pendant qu'elle écrit, il plonge sous le comptoir en faisant semblant d'y chercher quelque chose. Lorsqu'il se redresse, il porte une perruque. Mais, absorbé par leur travail d'écriture, la plupart des gens ne le remarque pas ! Ce sketch humoristique montre que notre capacité d'attention est vite détournée. C'est une ressource rare. Si vous l'utilisez pour réagir à un e-mail que vous venez de recevoir, vous aurez du mal à être ouvert à d'autres événements plus importants. L'économiste suédois Sune Carlson a montré que les managers sont dérangés toutes les 20 minutes en moyenne et qu'il leur faut 3 minutes pour retrouver un niveau de concentration optimum. Restez focalisé sur la tâche que vous êtes en train d'accomplir, ne sautez pas du coq à l'âne et levez les yeux une fois votre tâche achevée. Votre attention pourra alors se porter sur tout autre chose, attendue ou non.

3. Ayez confiance en vous

Daniel Pennac souligne qu'« on ne force pas la curiosité, on l'éveille ». La curiosité d'un enfant se renforce au fur et à mesure de ses découvertes. À l'âge adulte, on aura d'autant plus envie de continuer de chercher que l'on continue de trouver. La confiance en soi est une qualité de tous les innovateurs. Si les sœurs Tatin n'avaient pas osé présenter leur tarte ratée aux clients, la tarte Tatin n'aurait jamais existé ! « On devient curieux en se confrontant à son environnement. Les expériences forgent la conviction que l'on peut essayer des choses par soi-même. Cette appétence est liée à la confiance en soi », souligne Stéphane Jacob, psychologue et auteur d'un livre sur le sujet.

4. Posez des questions, encore et encore

On attend généralement d'un manager qu'il exprime des opinions et défende ses décisions. Paradoxalement, c'est en développant l'art du doute que vous obtiendrez les meilleurs résultats. Certaines entreprises ont placé le questionnement au rang de culture d'entreprise. C'est le cas de Toyota avec l'approche des « 5 pourquoi », utilisée par les managers pour identifier les causes profondes d'un problème. Mais ne vous arrêtez pas au jugement : « Comment en est-on arrivé là ? » Privilégiez l'apprentissage : « Quelles solutions peut-on trouver ? » Ne vous contentez pas des premières réponses. « Ne cherchez pas la faute, cherchez le remède », disait Henry Ford. En posant d'autres questions, vous découvrirez d'autres idées auxquelles personne n'avait pensé de prime abord.

Par où commencer ?

Quelle part de votre temps gardez-vous disponible pour l'imprévu ?

....

....

....

....

Pour aller plus loin : Stéphane Jacob, La *curiosité. Éthologie et psychologie*, Mardaga, 2002

Sur le thème « Développer son leadership relationnel », voir aussi les leçons 2, 17, 35 et 52.

Qu'est-ce qui rend l'entraînement de Cristiano Ronaldo si efficace ?

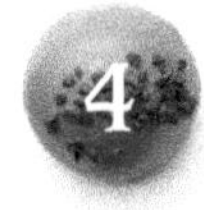

#entraînement #progresser

Cristiano Ronaldo ne passe pas inaperçu. Joueur de football aux trois Ballons d'or, il est souvent considéré comme l'un des meilleurs joueurs de tous les temps. Ses qualités techniques et athlétiques font des envieux. Son égoïsme fait des furieux. Quoi qu'on en pense, Cristiano Ronaldo aura changé pour toujours l'un des aspects du métier de footballeur : l'entraînement.

Le 6 août 2003, Cristiano Ronaldo a 18 ans. Son équipe, le Sporting Clube de Portugal, rencontre le grand Manchester United. Elle s'impose 3 buts à 1. Dans l'avion du retour, les joueurs de Manchester insistent auprès de leur coach pour qu'il recrute le jeune attaquant qu'ils ont vu à l'œuvre. L'arrivée de Cristiano Ronaldo à Manchester va changer sa vie.

Ronaldo est issu d'une famille pauvre de l'île de Madère, au Portugal. Il intègre très jeune le centre d'entraînement de Lisbonne. Son entraîneur raconte : « Quand Cristiano est arrivé au centre, il n'avait que 12 ans. Il a eu beaucoup de mal à trouver ses marques. Il pleurait tout le temps les premiers jours. Il avait quitté sa région et sa famille pour un environnement hostile. Ce n'était pas facile du tout pour un jeune comme lui. » Mais Cristiano s'accroche. Aucun enfant ne s'entraîne aussi dur que lui. Il s'attache des poids aux pieds pour améliorer sa course. Si Ronaldo est aujourd'hui le joueur le plus rapide sur les terrains, c'est grâce à cela.

Lorsqu'il arrive à Manchester, Ronaldo est déjà un bon joueur. Son coach, Alex Ferguson, va faire de lui un joueur exceptionnel. C'est d'ailleurs ce que lui demande Ronaldo dont l'ambition est débordante : il veut devenir le meilleur joueur de foot de tous les temps. Pour cela, il est prêt à tous les efforts. Les joueurs de Manchester s'entraînent énormément. Mais Cristiano repousse encore les limites. Il arrive à l'entraînement une heure avant tout le monde, et repart une heure après. Ces deux heures quotidiennes font une différence énorme. Les progrès sont visibles d'un match à l'autre.

Cristiano Ronaldo s'impose une hygiène de vie très stricte. Il se couche tôt pour favoriser la récupération ainsi que la construction musculaire. Il suit un régime alimentaire sans fantaisie où tout est pensé, mesuré. Ses expériences l'ont amené à inventer un nouveau régime où les glucides sont concentrés dans le repas du soir. Résultat, un taux de masse grasse très faible qui fait la différence en fin de match. Il suit également une préparation physique minutieuse définie par les meilleurs spécialistes. Son programme sur sept jours est répété semaine après semaine. Le lundi est consacré à la course à pied, le mardi au cardio-training, le mercredi à la musculation, le jeudi aux exercices à faible intensité, etc. Ce programme s'ajoute à l'entraînement technique de la balle au pied.

Lors de la saison 2006, c'est l'explosion. Trois ans seulement après son arrivé en Angleterre, Ronaldo est élu meilleur joueur du championnat. À 23 ans, Cristiano Ronaldo remporte son premier Ballon d'or.

Décryptage

Tous les métiers ont leurs propres caractéristiques, mais le métier de manager est sans doute l'un des plus exigeants. Le nombre de compétences à maîtriser est très important : des compétences de savoir-être, de savoir-faire, de savoir faire faire, etc. Chacune de ces compétences se travaille. Sans travail, il est impossible de progresser. Le talent inné n'est qu'un potentiel qui ne mènera nulle part s'il n'est pas travaillé.

Pour atteindre un objectif, les vertus d'un entraînement méthodique ne sont plus à démontrer. Aucun sportif de haut niveau ne laisse le hasard décider de son programme d'entraînement. Lors de la saison 2015-2016, Stephen Curry révolutionne le basket en marquant un grand nombre de paniers depuis la ligne des 3 points. Son père, également basketteur, était

Moralité

Pour progresser, entraînez-vous méthodiquement.

déjà très adroit pour les paniers à 3 points. Mais Stephen Curry l'a dépassé car il a su transformer, par le travail, un talent en domaine d'excellence.

Quatre conseils pour progresser

1. Soyez exigeant avec vous-même

Jean Piaget, psychologue suisse du début du xxe siècle, est le père de la pédagogie moderne. Selon lui, l'apprentissage est une démarche consciente liée à la volonté de résoudre une « dissonance cognitive ». « Si c'est le père Noël qui m'apporte les cadeaux, que font ces paquets dans le placard ? » Il y a là quelque chose qui cloche, et cela me donne envie d'en savoir plus. Cela a inspiré aux pédagogues l'idée de créer volontairement des dissonances cognitives, par exemple montrer à l'enfant qu'il ne maîtrise pas les tables de multiplication afin qu'il se lance dans leur apprentissage. Il en est de même pour un manager. « Si je maîtrise le management, comment se fait-il que j'aie tellement de mal à motiver mes collaborateurs ? » Commencez par identifier ce sur quoi vous avez besoin de progresser. Faites un diagnostic des différentes tâches de votre métier en vous posant une question simple : est-ce que je le fais parfaitement ?

2. Travaillez méthodiquement

Cristiano Ronaldo tire profit des progrès réalisés dans la pédagogie et les techniques d'apprentissage. En 1993, Anders Ericsson a montré le bénéfice de la répétition. Il est à l'origine de la théorie des « 10 000 heures » qui a fortement influencé Ronaldo : pour devenir un expert dans un domaine, il faut pratiquer pendant 10 000 heures. La pratique délibérée n'est pas toujours agréable, mais elle est terriblement efficace : commencez par le plus difficile pour profiter de votre énergie ; pratiquez par petites séquences répétées (par exemple, pour préparer un entretien de vente, répétez plusieurs fois vos trois premières minutes) ; sollicitez de temps en temps le regard d'un expert ; enfin, ritualisez votre entraînement, surtout si la rigueur et la discipline ne sont pas votre fort.

3. Surmontez vos obstacles internes

Timothy Gallwey est l'inventeur du coaching. Dans les années 1960, il est le capitaine de l'équipe de tennis d'Harvard. Il désespère de voir les joueurs incapables de suivre ses conseils. « Je disais à mes joueurs de garder tout le temps les yeux sur la balle. Ils avaient très bien compris ma demande, ils en voyaient l'intérêt, ils avaient envie de le faire, et pourtant ils ne le faisaient pas. » Pourquoi ? Gallwey montre que le potentiel d'un joueur est réduit par ses propres interférences internes. Lors d'un match de tennis, le joueur joue un match contre lui-même qui a finalement plus de conséquence que ce qui se passe sur le terrain. « Il y a deux façons de perdre un match. Soit l'adversaire a été meilleur, soit on a été mauvais. Mon métier est d'empêcher la seconde option chez mes joueurs. » Le coach doit travailler le « jeu interne » du joueur, c'est-à-dire « les obstacles qui l'empêchent d'accéder à son plein potentiel ». Soyez votre propre coach. Identifiez vos obstacles internes pour diminuer leur capacité de nuisance sur vous.

4. Prenez conscience de vos progrès

Le progrès est d'abord un sentiment personnel. Ronaldo sait qu'il progresse, et ce n'est pas seulement le fait qu'il marque des buts ou non. Ce sentiment de progrès est fondamental dans l'estime de soi donc dans la persévérance. Albert Bandura a montré l'importance de le travailler. Il conseille d'obtenir des « expériences actives de maîtrise ». Fixez-vous des petits objectifs accessibles plutôt que de grands objectifs difficilement atteignables. Par exemple, plutôt que de chercher à devenir le meilleur vendeur de votre entreprise, cherchez à devenir le meilleur vendeur d'un produit en particulier. Le fait de maîtriser parfaitement un domaine de votre travail vous aidera à prendre confiance dans votre capacité.

Par où commencer ?

Que souhaitez-vous travailler ?

....

....

....

....

De vos différentes tâches, quelle est celle que vous allez chercher à maîtriser en premier ?

....

....

....

....

Pour aller plus loin : Anders Ericsson, *The Road To Excellence: the Acquisition of Expert Performance in the Arts and Sciences, Sports and Games*, Lawrence Erlbaum Associates, 1996

Sur le thème « Développer les compétences », voir aussi les leçons 14, 25 et 42.

Existe-t-il des orchestres sans chef ?

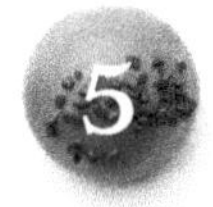

#équipe #RôleDuChef

Quel est le dernier musicien à avoir rejoint de manière permanente l'orchestre symphonique ? Le chef, bien sûr ! Pendant trois siècles, les orchestres ont joué sans chef et s'en sont très bien portés. On n'imaginerait plus cela aujourd'hui. Et pourquoi pas ?

L'histoire de l'orchestre suit celle de la musique. À l'époque de Mozart, on utilisait au gré des opportunités plusieurs violons, des violoncelles, des contrebasses, etc. Peu à peu, l'organisation de l'orchestre s'est normalisée. Aujourd'hui, les orchestres sont des organismes complexes qui comptent jusqu'à cent musiciens répartis en quatre famille : les cordes, les bois, les cuivres et les percussions. Ils forment une véritable société, le prestige de l'instrument – et donc du musicien – allant de pair avec l'étendu du répertoire. Le premier violon y joue un rôle hiérarchique. Il représente l'orchestre vis-à-vis du chef d'orchestre et du public.

La direction d'orchestre était une fonction avant d'être un métier. Elle était souvent assumée par le pianiste. Mozart et Beethoven dirigent leur composition tout en jouant du piano. C'est seulement au milieu du xxe siècle que Wagner impose un chef d'orchestre à temps plein. Sa musique grandiose et pleine de nuances nécessite une coordination parfaite. Hans von Bülow, qui assume cette fonction, est donc considéré comme le premier chef d'orchestre de l'histoire. C'était il y a « seulement » un siècle et demi !

Mais alors, puisque Mozart et Beethoven jouaient sans chef d'orchestre, pourquoi faire autrement aujourd'hui lorsqu'on joue leur musique ? De nombreux orchestres, notamment des petits, s'en passent parfaitement. L'histoire la plus célèbre est celle de Persimfans, orchestre symphonique soviétique fondé en 1922. En opposition avec l'orchestre classique qu'ils jugent « bourgeois », ce groupe d'une centaine de musiciens n'a pas ni chef ni hiérarchie. Afin de s'entendre les uns avec les autres, ils se positionnent en cercle. Inconvénient : ils tournent le dos aux spectateurs. Avantage : leur musique est beaucoup plus harmonieuse que celle des orchestres classiques. L'orchestre Persimfans eut beaucoup de succès en URSS et à travers l'Europe.

En concert, l'orchestre Persimfans fonctionne parfaitement. Mais ce n'est pas le cas en répétition : sans chef pour définir une interprétation, les séances n'est finissent pas. Elles sont sources de disputes permanentes entre ceux qui veulent jouer *forte* ou *piano*, ceux qui veulent ralentir ou accélérer le tempo, etc. Ces dissensions mettent fin à l'orchestre Persimfans qui se sépare après dix années de succès, au grand désespoir de ses admirateurs qui ne savent rien de ces luttes internes. À la suite de cette expérience peu commune, les orchestres symphoniques soviétiques ont repris l'habitude d'avoir un chef. Cependant, à la différence des orchestres occidentaux, les musiciens y gardent une vraie liberté dans l'interprétation artistique des œuvres.

Décryptage

L'orchestre symphonique est une métaphore intéressante de l'entreprise. L'orchestre réunit des instruments nombreux et différents. Chacun joue sa partition. L'œuvre commune émerge de la contribution des uns et des autres. L'orchestre forme une société avec ses règles et ses habitudes. Ses règles : le premier violon est le patron des musiciens, c'est lui qui décide des promotions et accorde les congés. Ses habitudes : le chef d'orchestre sert la main du premier violon avant de débuter le concert, ce qui est une façon d'incarner la coopération entre le management fonctionnel et le management hiérarchique (comme le directeur marketing qui sert la main du directeur d'usine). Comment ce groupe d'hommes et de femmes devient-il une équipe ?

L'histoire de l'orchestre envoie un message aux dirigeants. Les spectateurs contemporains aiment voir un chef au milieu de l'orchestre, dirigeant les instrumentistes d'une main sûre. C'est une image photogénique qui camoufle une autre réalité : parfois, l'orchestre fonctionnerait mieux sans lui. Cela fut le cas pendant des siècles et c'est encore souvent le cas aujourd'hui. Le chef est là pour magnifier le travail des musiciens, pas pour les empêcher de s'exprimer. Riccardo Muti dirigea l'orchestre de la Scala de Milan avec une

Moralité

En tant que chef, posez-vous cette question : « En quoi l'équipe a-t-elle besoin de moi ? »

poigne de fer pendant vingt ans avant de recevoir en 2005 un courrier signé des 800 salariés demandant son départ : il avait oublié que le chef est là pour son orchestre et non l'inverse.

Quatre conseils pour transformer un groupe d'individus en équipe

1. Partagez un but commun

Le but de l'orchestre est simple et connu de tous : il s'agit de jouer le mieux possible une partition. En entreprise, partager un but commun n'est pas toujours évident. L'entreprise donne aux équipes un périmètre de responsabilité sans forcément en indiquer la finalité. Simon Sinek est l'auteur de l'une des vidéos TED les plus vues. Son message ? « *Start with why* » (« Commencez par le pourquoi »). Sinek montre que les entreprises les plus performantes sont au service d'un but inspirant. Apple ne fabrique pas des ordinateurs, Apple cherche à changer le monde ; fabriquer des ordinateurs n'est qu'un moyen. Le message interne n'est pas « fabriquons de meilleurs ordinateurs », mais « changeons le monde ensemble ». Apprenez à distinguer la tâche et l'ambition, et communiquez sur la seconde.

2. Installez la confiance par l'écoute et l'ouverture aux autres

Patrick Lencioni, psychologue américain, a étudié les dysfonctionnements des équipes. « En cas de coup dur, pouvez-vous compter les uns sur les autres ? Vous autorisez-vous à dire ce qui ne va pas ? » Lencioni montre que la plupart des équipes surestiment la confiance qui les unit, et incite à travailler ce point spécifiquement. La confiance se bâtit peu à peu, principalement par de petites choses : dire bonjour, partager un café, tenir de petits engagements. Il est important de se connaître personnellement : quels sont les goûts, les passions, la situation familiale de chacun ? Prévoyez du temps (formel et informel) pour que les membres de l'équipe puissent se connaître. Ne changez pas trop souvent la composition de l'équipe pour permettre aux relations de se construire.

3. N'ayez pas peur du conflit, au contraire laissez-le émerger

Dans les années 1960, Bruce Tuckman, psychosociologue américain, a posé les bases de la dynamique de groupe. Pour lui, un groupe se construit en quatre étapes. D'abord la constitution (*forming*), c'est-à-dire la création de l'équipe. Ensuite la tension (*storming*), où chacun cherche sa place dans le groupe. Puis la normalisation (*norming*), qui permet au groupe de se structurer. Enfin la production (*performing*) où le groupe donne sa pleine efficacité. Tuckman insiste sur l'importance de la phase de tension (*storming*). Elle se caractérise par des conflits, de la résistance, parfois de la concurrence au sein de l'équipe et un fort niveau d'engagement émotionnel. Cette phase est redoutée par le leader car à ce moment-là, l'équipe est particulièrement peu performante. Mais elle est indispensable. Le conflit permet aux individus d'exprimer leurs attentes vis-à-vis du collectif. Le leader peut ensuite bâtir les règles de fonctionnement sur des bases saines et partagées.

4. Mettez l'équipe au défi de manière répétée

Le manager devra cultiver la culture du résultat et de l'apprentissage. Pour un orchestre, chaque concert est un défi. Vous pouvez vous inspirer de cette façon de mobiliser vos troupes en multipliant les challenges : acquérir un nouveau client, changer l'organisation, mettre en place un nouvel outil, etc. Chaque progrès est une victoire qui soude l'équipe et renforce la confiance mutuelle. L'apprentissage continu est un puissant levier de performance d'équipe. Pina Bausch, célèbre danseuse, était aussi une grande directrice de troupe, la compagnie de Wuppertal. Ce qu'elle aimait par-dessus tout, c'était offrir de nouveaux challenges à ses danseurs : danser sur des musiques sans rythme, monter sur scène sans avoir répété, rajouter des instructions au dernier moment, etc. Au début déstabilisés, les danseurs donnaient le meilleur d'eux-mêmes.

Par où commencer ?

Votre équipe a-t-elle besoin d'un chef ? Si oui, pour quoi faire ?

....

....

....

....

Pour aller plus loin : Patrick Lencioni, *Optimisez votre équipe. Les cinq dysfonctions d'une équipe*, Un monde différent, 2006

Sur le thème « Animer un collectif », voir aussi les leçons 21, 26 et 46.

Pourquoi Christophe Colomb n'a-t-il pas compris qu'il avait découvert l'Amérique ?

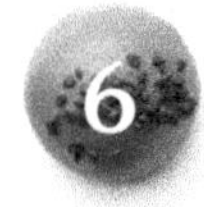

#BiaisCognitifs #cerveau #neurosciences

Tout le monde connaît cette histoire. Christophe Colomb était parti découvrir l'Inde et il a découvert l'Amérique. Le problème, c'est qu'il ne s'en est pas rendu compte.

Christophe Colomb est né en 1451 à Gênes en Italie. Très jeune, il manifeste des talents de navigateur. Il maîtrise la boussole et le gouvernail d'étambot. Il est également un lettré. Il possède un exemplaire de *l'Imago mundi* de Pierre d'Aily, livre écrit en 1410 faisant l'état des lieux de la géographie connue. Il s'y plonge régulièrement, le commentant de sa main, rajoutant çà et là les informations qu'il a pu recueillir sur les quais du Portugal, d'Espagne et d'Italie. Dans son esprit, un rêve prend forme : il sera le premier homme à rejoindre les Indes par l'ouest. Sa gloire et sa richesse seront immenses. Christophe Colomb rêve d'entrer dans l'histoire. C'est ce qu'il fera, mais pas comme il l'avait imaginé.

Colomb met dix ans pour trouver un financement à son entreprise. Il fait le tour des cours d'Europe : Jean II du Portugal, Isabelle d'Espagne, Charles VIII de France, etc. tous refusent. Au milieu du tumulte politique du xve siècle, Colomb désespère. Un jour, il apprend que Luis de Santagel, le trésorier et ami d'Isabelle d'Espagne, accepte de le financer sur ses deniers personnels.

Colomb n'a pu se payer qu'une petite armada constituée de trois navires : *La Niña*, *La Pinta* et *La Santa Maria*. Le 12 octobre 1492, après soixante-six jours de traversée, l'équipage accoste sur une petite île. Au comble du bonheur, Colomb se fait nommer gouverneur général et vice-roi des Indes par le notaire qu'il avait pris soin d'embarquer.

Trois mois plus tard, lorsqu'il rentre en Espagne, Christophe Colomb a du mal à convaincre ses auditeurs qu'il a trouvé une nouvelle route pour les Indes. Il explique qu'il a débarqué sur une île, alors qu'on sait que la côte indienne ne compte pratiquement aucune île. Il raconte avoir rencontré des hommes à la peau mate, preuve selon lui qu'il s'agit bien d'Indiens. Mais certaines tribus sont anthropophages, caractéristique qu'on ne connaît pas aux Indiens. Enfin, l'interprète indien emmené à bord n'a été d'aucune aide pour comprendre les dialectes de ces « Indiens » qui semblent décidemment bien étranges aux auditeurs.

Christophe Colomb n'a pas l'intention de se faire voler sa place dans l'histoire. Il retourne à trois reprises aux « Indes » sans s'interroger une seule fois sur l'étrange dissemblance entre la terre où il accoste et ce qu'on sait des Indes orientales.

L'aventure finit mal. Christophe Colomb meurt seul et malheureux. Il disparaît presque totalement de l'histoire pendant cent ans. Il faut attendre la fin du XVIIIe siècle pour qu'il soit officiellement reconnu comme le découvreur du nouveau continent où il a accosté en refusant de l'admettre : l'Amérique.

Décryptage

Christophe Colomb a été abusé par un biais cognitif dont nous sommes tous victimes. Nous interprétons toujours les informations que nous recevons dans le sens qui nous arrange. Cela s'appelle « le biais de confirmation ». Ce biais est d'autant plus fort que l'investissement émotionnel est important. Pour Colomb, le fait que les autochtones aient la peau mate est la preuve indiscutable qu'il s'agit d'Indiens. Après tous les efforts qu'il avait faits pour aller à leur rencontre, il n'imagine pas que cela puisse signifier autre chose.

Il y a beaucoup de « Christophe Colomb » en entreprise. Les dirigeants écoutent plus volontiers les informations qui vont dans leur sens. En 2014, Steve Ballmer, PDG de Microsoft, décide le rachat de Nokia pour 5 milliards de dollars. De nombreux cadres de haut niveau lui signalent que l'intégration est laborieuse, mais Ballmer l'interprète comme de la mauvaise volonté de leur part. Il restera totalement incrédule jusqu'à son licenciement un an plus tard. Ballmer a refusé de voir ce que tout le monde savait. Le nouveau PDG, Satya Nadella, n'aura d'autre choix que d'enterrer le projet de rapprochement des entreprises, non sans avoir licencié 26 000 personnes au passage.

Moralité

Méfiez-vous de vos propres biais cognitifs.

Quatre conseils pour éviter les biais cognitifs

1. Aidez votre cerveau : reposez-vous

Le cabinet McKinsey a publié début 2016 une étude décoiffante. Cent soixante-seize PDG ont été interrogés. 43 % d'entre eux déclarent avoir insuffisamment dormi quatre des sept nuits précédentes. Mais surtout, 46 % d'entre eux estiment que le manque de sommeil n'a pas d'impact sur leur performance. C'est une grossière erreur ! Notre cerveau est un organe énergivore. Il consomme à lui seul 25 % de nos ressources énergétiques. Le premier devoir d'un dirigeant, c'est d'être en forme. Mark Zuckerberg, PDG de Facebook, suit les recommandations du psychologue Roy Baumeister. Il réduit la charge de son cerveau en diminuant le nombre de décisions qu'il prend. C'est la raison pour laquelle il porte toujours le même T-shirt gris. « Je tiens à libérer ma vie de telle sorte que j'ai le moins de décisions à prendre afin de me concentrer sur le service de la communauté Facebook. » Comme Zuckerberg, attachez-vous à garder un cerveau en pleine forme !

2. Mettez en place les dispositifs pour vous prémunir de vos propres biais

L'excès de confiance en soi et le biais de confirmation sont très présents en entreprise. Nous croyons souvent savoir ce que nous ne savons pas. Ces biais sont d'autant plus forts qu'on gagne en expérience et en responsabilité. Cela peut paraître logique : si on a été choisi pour diriger un service, c'est probablement parce qu'on a raison plus souvent que les autres. Pour éviter d'être le Christophe Colomb qui ne croit pas ce qu'il voit pourtant clairement, entourez-vous de personnes qui sauront vous dire si vous vous trompez. Warren Buffet, le célèbre investisseur américain, a l'habitude de former deux équipes de collaborateurs avant de prendre une décision : ceux qui la défendront et ceux qui chercheront à la contrer. Cette technique le prémunit de ses propres biais cognitifs. Inspirez-vous en.

3. Organisez le recueil d'informations

Aujourd'hui, en entreprise, la plupart des décisions sont prises à l'occasion d'une réunion. Or, la décision collective est un art difficile. En effet, la tournure de la discussion sera très fortement influencée par celui ou celle qui prendra la parole en premier. Ce biais cognitif s'appelle « l'effet de cadrage ». Lorsque vous négociez l'achat d'une voiture d'occasion, le prix donné par le vendeur servira de base à la discussion et vous empêchera de penser librement au prix que vaut vraiment la voiture selon vous. Pour éviter un effet similaire lors d'une réunion, demandez à chacun de noter son point de vue sur un papier. Puis donnez successivement la parole aux uns et aux autres. Vous serez étonné d'entendre une diversité de points de vue à laquelle vous n'êtes sans doute pas habitué.

4. Parfois, sachez déléguer la décision

Lorsque votre investissement émotionnel est trop élevé, vous manquez probablement de lucidité et n'êtes peut-être plus la bonne personne pour décider. Les traders définissent a priori un niveau de perte sur une transaction (le *stop-loss*). Si leur position atteint ce niveau, ils n'ont plus le droit de décider s'il faut garder ou vendre et transfèrent cette décision à un autre trader, vierge émotionnellement. C'est une situation qu'on retrouve en entreprise. Imaginez que vous rencontrez des difficultés avec un collaborateur.

Vous l'avez déjà reçu trois fois en entretien pour qu'il change de comportement. Vous l'avez envoyé en formation. Vous lui avez confié un projet dans un domaine qu'il apprécie. Mais rien n'y fait, son comportement reste insatisfaisant à vos yeux. Cependant, êtes-vous encore à même d'en juger ? Ne feriez-vous pas mieux d'interroger un collègue qui regardera la situation avec un œil neuf ?

Par où commencer ?

Lors des dernières décisions que vous avez prises, quels ont été les biais cognitifs à l'œuvre ?

....

....

....

....

Pour aller plus loin : Roy Baumeister, *Do Emotions Help or Hurt Decision Making?*, Russell Sage Foundation, 2007

Sur le thème « Savoir décider », voir aussi les leçons 15, 32, 37 et 43.

Comment devenir chef à 63 ans ? L'histoire de Sœur Emmanuelle

#PriseDeFonction #responsabilité

La vie de Sœur Emmanuelle retire tout complexe aux managers qui s'inquiètent de leur prise de fonction. C'est à l'âge de la retraite, à 63 ans, qu'elle a pris des responsabilités pour la première fois. Son destin l'attendait.

Sœur Emmanuelle prononce ses vœux de religieuse à 23 ans après des études de philosophie. Elle mène une carrière d'enseignante qui la conduit partout où sa congrégation a des écoles. Elle débute à Istanbul en Turquie où elle reste plus de vingt ans. Elle y enseigne le français à des jeunes filles aisées de la bonne société turque. Suite à une mésentente avec sa supérieure, elle est envoyée à Tunis alors qu'elle a 42 ans. À nouveau, elle enseigne aux jeunes filles de bonne famille, principalement les enfants des colons français. En 1964, à 56 ans, elle est affectée au collège de Sion à Alexandrie en Égypte. Ses élèves se désintéressent de la misère qui les entoure et cela la révolte. Pendant son temps libre, elle s'occupe des jeunes filles défavorisées.

Cet intérêt pour les plus pauvres attire l'attention de sa hiérarchie. En 1965, le concile Vatican II fait entrer l'Église dans l'ère moderne. Il rappelle la vocation sociale de l'Église, et l'enseignement aux classes aisées n'entre plus du tout dans cette stratégie. La congrégation Notre-Dame de Sion cherche à réorienter ses efforts vers les plus pauvres. La vocation de sœur Emmanuelle vient à point nommé et sa hiérarchie lui demande de fonder une communauté dans un bidonville.

En 1971, à 63 ans, sœur Emmanuelle n'a rien fait d'autre qu'enseigner. Lorsque sa hiérarchie lui fait part de sa demande de fonder une communauté, son cœur balance entre enthousiasme et inquiétude. « Serai-je à la hauteur ? », se demande-t-elle. Elle s'installe au milieu de l'un des rares quartiers chrétiens, Ezbet-El-Nakhl, l'un des bidonvilles les plus pauvres du Caire. Les Coptes zabbalines y sont chargés de la récupération des déchets. Ces chiffonniers jouent un rôle social majeur, car ils débarrassent Le Caire de ses ordures. Leurs conditions de vie sont très dures et les chrétiens sont mal intégrés à la société égyptienne. Sœur Emmanuelle est la première à s'occuper d'eux.

Après des débuts difficiles, dans le dénuement le plus total, elle décide de s'allier aux églises locales pour créer les premiers dispensaires. Puis des écoles. Elle se lie d'amitié avec une mère supérieure qui la rejoint et s'installe avec elle dans sa cabane. Ensemble, elles partent aux États-Unis récolter des fonds pour les chiffonniers du Caire. Petit à petit, son entreprise connaît un succès inespéré.

Sœur Emmanuelle quitte Le Caire à 83 ans. Son action a permis à des milliers de famille de sortir de la misère.

Décryptage

Prendre une nouvelle fonction est un moment enthousiasmant et stressant. Sœur Emmanuelle l'a vécu pour la première fois à l'âge où d'autres partent à la retraite. Comment réussir ? L'histoire de sœur Emmanuelle montre les vertus de la passion et de l'humilité.

Il n'y a pas d'âge pour réussir. Dans tous les domaines, les réussites tardives sont nombreuses. Louis de Funès a eu son premier rôle important à 50 ans. Aujourd'hui en France, 20 % des créateurs d'entreprise ont plus de 50 ans. Et leur taux de succès est élevé. « Avec l'âge, le cerveau s'améliore du point de vue de la mise en relation des connaissances, et le champ d'expérience, plus vaste, permet de mettre les choses en perspective, précise le neurologue Bernard Croisile. Le jugement et le raisonnement sont plus affûtés, même si on est parfois plus lent à les mettre en œuvre. » Toutes ces qualités sont indispensables. Mais elles ne suffisent pas toujours. En France, 36 % des CDI sont rompus avant un an. Une prise de fonction est une rencontre entre une personne et un collectif. Il y a toujours une part de risque et d'inconnu.

Moralité

Réussir sa prise de fonction n'est pas une question d'âge, mais d'envie et de savoir-faire.

Quatre conseils pour réussir votre prise de fonction

1. Changez de regard sur vous-même

Prendre un poste à responsabilité nécessite une triple adaptation. C'est d'abord un nouveau regard sur votre entreprise. Même si vous y avez déjà passé de nombreuses années, l'entreprise va se révéler sous un nouveau jour. Ensuite, c'est un nouveau regard sur vos équipes. Que vous encadriez pour la première fois ou non, occuper un nouveau poste vous amènera à construire de nouvelles relations avec vos collègues. Surtout, une prise de fonction requiert de porter un nouveau regard sur vous-même. C'est le moment de vous rappeler quelles sont les forces sur lesquelles vous appuyer. À nouvel environnement, nouveau mode de fonctionnement. Soyez conscient de qui vous êtes.

2. Préparez soigneusement vos cent premiers jours

« Personne n'a deux fois l'occasion de faire une bonne première impression. » Réfléchissez soigneusement à la façon dont vous allez vous présenter à vos nouveaux collègues. Préparez-vous à désapprendre une bonne partie de ce que vous avez appris. N'oubliez pas que 30 à 40 % des dirigeants échouent dans les 18 mois suivant leur prise de fonction. Même si les statistiques sont moins cruelles aux échelons inférieurs, prendre une nouvelle fonction est une prise de risque. Vous passerez par trois étapes incontournables : vous devrez régler les urgences, agréables ou non ; vous devrez observer, écouter et regarder pour vous acculturer ; vous devrez donner clairement votre nouvelle orientation dans les premières semaines. Vos équipes attendent cela de vous.

3. Évitez les pièges classiques

La prise d'une nouvelle fonction est un parcours plein d'embûches. Si vous avez peu l'expérience des responsabilités, méfiez-vous. Évitez de tout comparer avec vos postes précédents. Ne vous dispersez pas, ne répondez pas à toutes les sollicitations. Ne vous enfermez pas dans la dimension technique du poste, ne sous-estimez pas les aspects politiques. Surtout, ne sous-estimez pas la dimension relationnelle. Même si vous avez été choisi pour vos compétences, vous devrez d'abord faire vos preuves dans vos capacités à vous intégrer dans un collectif. Appuyez-vous sur vos alliés, en particulier la personne qui vous a recruté. Elle vous donnera les clés pour voir les fils invisibles de l'organisation.

4. Donnez la priorité aux relations humaines

Une nouvelle recrue est d'abord au service d'un collectif. Si vous rejoignez un comité de direction pour la première fois, évitez de défendre votre département comme un pré carré : raisonnez dans l'intérêt global de l'entreprise. Lors d'une prise de fonction, on peut avoir tendance à se focaliser sur ses dossiers. C'est une erreur dont vous payerez le prix dans la durée. Il est acceptable de ne pas connaître tout le monde au début, mais pas au bout d'un an ! Recevez tous les membres de votre équipe en entretien individuel, quel que soit leur grade. Exigez de votre responsable qu'il vous explique précisément ce qu'il attend de vous, y compris sur les aspects implicites de votre poste. Demandez-lui son avis sur les compétences que vous devrez développer pour réussir. Enfin, proposez-lui un rapport d'étonnement. La formalisation vous aidera à prendre du recul et nourrira une discussion intéressante pour vous deux.

Par où commencer ?

Quels sont vos principaux atouts pour ce nouveau poste ?

....

....

....

....

Qui sont vos alliés ?

....

....

....

....

Quelles compétences devrez-vous développer ?

....

....

....

....

Pour aller plus loin : Michael Watkins, *90 jours pour réussir sa prise de poste*, Pearson, 2013, 2e éd.

Sur le thème « Piloter la performance », voir aussi les leçons 11, 28, 30 et 39.

Pourquoi le club de Manchester United s'est-il séparé de sa star David Beckham ?

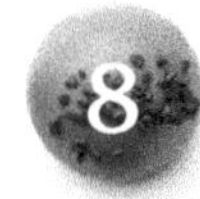

#EspritdÉquipe #coopération #collectif

Sir Alex Ferguson est un entraîneur de foot mythique, vainqueur avec Manchester United de seize championnats et quatre coupes d'Europe. Il a mené au succès des joueurs bien plus célèbres que lui : Éric Cantona, Cristiano Ronaldo, Wayne Rooney, Laurent Blanc, etc. Sa recette ? Elle s'illustre parfaitement dans sa relation avec David Beckham.

Arrivé à Manchester en 1986, Alex Ferguson trouve un collectif délité. Certains joueurs ont sombré dans l'alcoolisme. Ferguson commence par remettre de la discipline. Les joueurs qui ne respectent pas ses règles sont bannis des terrains. Pour reconstruire le groupe, il recrute des joueurs jeunes, voire très jeunes, mais pleins de talents. Parmi eux, un certain David Beckham, fraîchement sorti du centre de formation.

Le jeune David présente un potentiel physique exceptionnel. Il a une volonté de fer et s'entraîne dur. Lors de sa deuxième saison avec Manchester United, David Beckham marque un but du milieu de terrain contre Wimbledon. Ce but spectaculaire passe en boucle sur les télévisions et fait de Beckham une célébrité.

Alex Ferguson n'y prête guère attention. Lui n'est pas intéressé par les médias. Il préfère se concentrer sur le jeu et sur l'équipe. Pour tenir son groupe, Ferguson a posé deux règles claires. Premièrement, c'est lui le patron : les joueurs sont peut-être des stars, cela ne doit pas les empêcher de lui obéir. Deuxièmement, le collectif prime : les joueurs ne jouent que si cela rend l'équipe plus forte. Cette main de fer permet à l'équipe des performances exceptionnelles.

En 2003, David Beckham joue pour Manchester United depuis huit ans. Il n'a connu qu'un seul coach, Alex Ferguson. Certes, il a gagné six championnats et une Ligue des champions. Mais la discipline l'agace. Pour lui, l'essentiel est maintenant ailleurs. Il est devenu une vedette, vendant son image à plusieurs marques prestigieuses. Un jour de match, Ferguson remarque les journalistes le long du terrain. « Que se passe-t-il ? » demande-t-il. On lui répond : « David Beckham va dévoiler sa nouvelle coupe de cheveux demain. » Le soir au restaurant, Beckham porte un bonnet. « Retire ce bonnet, David », lance Ferguson à Beckham. Celui-ci refuse : « Je veux que personne ne voit ma nouvelle coiffure. » Le lendemain, Beckham retire son bonnet devant la presse… et il a le crâne rasé. « C'était donc ça ta nouvelle coupe ! », s'emporte Ferguson.

Beckham finit la saison avec Manchester. Mais dans l'esprit de Ferguson, c'est clair, Beckham ne fait déjà plus partie de l'équipe. Il a fait le choix égoïste de sa célébrité.

Décryptage

En 2013, l'autobiographie d'Alex Ferguson a été le livre le plus vendu en Grande-Bretagne. L'homme n'est pas seulement une star du football : c'est un manager reconnu dont les messages portent bien au-delà de son sport. Pendant les vingt-sept années où Alex Ferguson était coach, 115 joueurs sont passés dans son club. Certains venaient se faire un nom dans cette équipe prestigieuse, puis se revendaient ailleurs. Alex Ferguson leur a imposé un management viril et paternaliste, qui ne fonctionnerait sans doute pas dans tous les contextes, mais qui, dans un club de foot, a fait des miracles.

D'où vient la force d'un collectif ? Dans une équipe, chacun a ses objectifs, sa personnalité, sa propre logique de carrière ; particulièrement dans une équipe de foot. Une attitude individualiste, voire compétitive, peut prendre le dessus sur la coopération. Développer la performance collective n'est pas simple. Il ne s'agit pas seulement de mettre en place les organisations et les procédures, mais d'instaurer un état d'esprit. C'est ce que Ferguson a su faire.

Moralité

Faire équipe est un état d'esprit.

Quatre conseils pour favoriser la coopération au sein de votre équipe

1. Faites en sorte que chacun ait rationnellement intérêt à coopérer

Il y a une dimension rationnelle à la coopération : les salariés ne coopèrent qu'à la condition d'y avoir intérêt. Il existe toujours une compétition sous-jacente entre vos collaborateurs. Comme dans une équipe de foot, l'intérêt individuel peut s'opposer à l'intérêt collectif, par exemple dans une logique de carrière. Coopérer demande un effort. Yves Morieux raconte qu'il aime sa femme et que c'est la raison pour laquelle il y a deux télévisions à la maison : cela lui évite d'avoir à coopérer avec elle pour choisir un programme ! Pour créer les conditions de la coopération, commencez par aligner les objectifs afin que chacun ait objectivement intérêt à coopérer.

2. Fluidifiez les liens formels... et informels

Norbert Alter, professeur à l'université Paris-Dauphine, est l'auteur de *Donner et prendre, la coopération en entreprise*. Le titre de son livre est déjà un programme. Il insiste sur un aspect méconnu : les fondements de la coopération sont archaïques. Coopérer suppose de créer des liens sociaux par l'intermédiaire desquels circulent des biens, des informations, des services, comme circulaient les dons dans les sociétés « primitives ». L'entreprise est souvent mal à l'aise avec ces aspects relationnels, informels, auxquels elle oppose des barrières invisibles que sont les périmètres organisationnels. Établir un organigramme est une bonne façon de casser la coopération naturelle entre individus. Raison pour laquelle de nombreuses start-up n'en ont pas ! Pour favoriser la coopération, évitez d'ériger des barrières inutiles.

3. Faites vivre le collectif

Les relations humaines peuvent être un obstacle insurmontable à la coopération : vous aurez du mal à faire coopérer des gens qui ne s'entendent pas. On a parfois tendance à considérer que les relations entre les gens ne regardent qu'eux. Mais en tant que manager, c'est aussi votre affaire. Ne laissez pas les conflits s'installer. Souvent, les tensions sont d'abord liées à une méconnaissance mutuelle. Vous pouvez aider vos collaborateurs à mieux se connaître. C'est le but des séances de team building dont l'efficacité n'est plus à prouver. Créez les conditions pour que les gens puissent se parler de manière informelle et conviviale. Si vos équipes sont physiquement dispersées, vous y accorderez une attention toute particulière. Fixez un défi ambitieux et réaliste pour lequel la contribution de chacun sera fondamentale (par exemple la préparation d'une réunion stratégique). Ce sera l'occasion de poser les grands principes du fonctionnement coopératif.

4. Valorisez l'entraide

Quelle est l'équipe de foot qui remporte la séance de tir au but ? L'équipe qui dispose des meilleurs tireurs ? L'équipe la moins fatiguée ? La plus expérimentée ? Pas du tout. En 2010, cette question très sérieuse a fait l'objet d'une étude anglaise (*Emotional contagion in soccer penalty shootouts*) qui montre qu'une équipe augmente de 82 % ses chances de l'emporter si les joueurs manifestent leur joie à chaque but marqué ! La coopération repose sur une approche altruiste, ou du moins sur une attitude dépassant le simple objectif particulier. Valorisez les comportements qui vont dans le bon sens, même les petites choses. Un collaborateur qui organise un petit-déjeuner d'équipe fera peut-être beaucoup plus pour la coopération que toutes les notes que vous pourrez écrire sur le sujet.

Par où commencer ?

Dans votre équipe, quels sont les buts communs fédérateurs ?

....

....

....

....

Quels sont les comportements à valoriser ?

....

....

....

....

Pour aller plus loin : Norbert Alter, *Donner et prendre : la coopération en entreprise*, La Découverte, 2009

Sur le thème « Renforcer la performance de l'équipe », voir aussi les leçons 12, 29 et 44.

Pourquoi Steve Jobs n'avait-il pas prévu le succès de l'iPhone ?

#innovation #créativité #digital

http://bit.ly/2cYKBhU

Écornons un mythe : Steve Jobs, sans doute le plus grand innovateur de ce début de XXIe siècle, était un peu moins visionnaire qu'on le dit souvent. Lorsqu'il lance l'iPhone en janvier 2007, il vise 1 % de part de marché. Trois ans plus tard, l'iPhone représente, en valeur, 50 % du marché du téléphone portable aux États-Unis. Comment Steve Jobs a-t-il pu se tromper dans un rapport de 1 à 50 ?

Le 9 janvier 2007, lorsqu'il présente l'iPhone à l'Apple Congress, Steve Jobs est déjà un mythe. Apple, la société qu'il a cofondée trente ans auparavant, a lancé deux innovations majeures, le Macintosh et l'iPod. Les participants au congrès savent que la firme de Cupertino travaille sur un nouveau projet de grande ampleur. Steve Jobs se présente sur scène et ménage son suspense. Il annonce qu'Apple lance trois appareils révolutionnaires : un nouvel iPod, un nouveau téléphone et un nouveau navigateur internet. Peu à peu, la salle, survoltée, réalise que ces trois appareils... n'en font qu'un ! Mais elle ne comprend pas que le succès viendra du troisième.

Comme à son habitude, Steve Jobs a pris soin de verrouiller l'appareil. La recette du succès du Macintosh est appliquée à l'iPhone : la confidentialité totale du code source qui sert de base au développement des applications. Ainsi, l'iPhone de 2007 ne dispose que de quinze applications, toutes signées Apple : Safari, météo, calculatrice, Bourse, mail, etc.

Cela aurait pu s'arrêter là sans l'obstination de Jonathan Ive. Jonathan est le designer d'Apple. Il mettra toute son énergie à convaincre Steve Jobs d'ouvrir le code source. Jobs résistera pendant un an. Mais en mars 2008, il accepte qu'Apple mette en ligne un kit de développement. C'est la véritable naissance de l'iPhone : le kit est téléchargé 98 000 fois dès le premier week-end ! Un tiers des téléchargements sert à développer des applications de jeu, à la plus grande surprise de Steve Jobs qui n'avait jamais imaginé que son téléphone pourrait devenir une console de jeu ! Son produit lui échappe, cela fera son succès.

En 2015, on comptait déjà plus de 800 000 applications téléchargeables dans l'App Store. La plupart n'ont pas été développées par des multinationales, mais par des passionnés. Ceux qui les fabriquent n'ont pas effectué de grandes études de marché, ils ont un besoin et développent l'application qui y répond, tout simplement. C'est donc une façon d'innover très empirique où chacun peut tenter sa chance. Nous sommes à mille lieues des méthodes habituelles de lancement de produit des grandes entreprises, Apple compris. Voilà le paradoxe : Steve Jobs a fait preuve de créativité en lançant l'iPhone. Mais surtout, il a favorisé la créativité de tous les informaticiens de la planète. Et cela, il ne l'avait pas anticipé. En quelque sorte, Steve Jobs aura donc inventé le smartphone... contre son gré !

Décryptage

Les entreprises attendent de leurs managers qu'ils favorisent l'innovation. Parfois, cette demande est mal comprise. Certains managers considèrent que leur entreprise leur demande de faire preuve de créativité eux-mêmes. Ce n'est pas toujours nécessaire.

L'iPhone est une œuvre collective, son succès ne vient pas tant de la machine que de l'extraordinaire richesse des applications. Un peu par hasard, Steve Jobs a permis à de nombreux développeurs d'exprimer leur propre créativité. C'est une belle illustration de l'innovation à l'ère digitale : personne ne détient seul la solution. Le job du manager, c'est de mobiliser l'intelligence collective et de permettre l'innovation participative.

Moralité

Pour innover, favorisez la créativité... des autres !

Quatre conseils pour favoriser l'innovation à l'ère digitale

En février 2001, dix-sept experts du développement informatique se sont réunis (l'inventeur du wiki, les fondateurs du Scrum, le père de l'*extreme programming*, etc.). Ensemble, ils ont défini une nouvelle méthode de travail, le « manifeste agile ». Ce document n'était au départ qu'un outil entre informaticiens. Mais le succès de leur produit a changé la donne : le wiki n'est plus seulement un produit informatique, c'est le mode de fonctionnement de notre société. Les quatre piliers de la méthode agile inspirent aujourd'hui des managers de tous métiers.

1. Privilégiez les hommes aux processus

« *People before process.* » L'intelligence réside dans les hommes et les femmes plutôt que dans les structures mises en place. « Réalisez les projets avec des personnes motivées. Fournissez-leur l'environnement et le soutien dont elles ont besoin et faites-leur confiance pour atteindre les objectifs fixés. » L'intelligence collective est la clé de l'innovation à l'ère digitale. Le succès de TripAdvisor montre que nous faisons plus confiance à une communauté de voyageurs qui nous ressemblent plutôt qu'à des experts du Guide Michelin. Cette logique « *people before process* » est particulièrement déstabilisante pour ceux qui tirent leur pouvoir de leur expertise. Elle promeut une innovation *bottom-to-bottom*, alternative au *top-down* et au *bottom-up*.

2. Avancez par prototypes successifs

« *Quick and dirty.* » « Livrez fréquemment un logiciel opérationnel avec des cycles de quelques semaines à quelques mois et une préférence pour les plus courts. » Les promoteurs de la méthode agile sont clairs : visez le produit qui fonctionne sans attendre qu'il soit entièrement défini. Peut-on imaginer lancer un produit sur le marché sans attendre qu'il soit abouti ? C'est ce que propose la méthode agile. Les versions bêta des logiciels sont mises en ligne, puis les développeurs corrigent les erreurs remontées par les utilisateurs. En entreprise, on pourrait s'inspirer de cette méthode. Par exemple, le hackathon est un rassemblement de développeurs organisés par équipes avec l'objectif de produire un prototype en quelques heures. Pour le transposer en entreprise : réunissez des participants très divers, y compris externes à l'entreprise ; partez de zéro, fonctionnez par cycles itératifs et produisez un prototype très concret en moins de 48 heures.

3. Prenez votre client comme partenaire

« *Test & learn.* » « Privilégiez la collaboration avec les clients plutôt que la négociation contractuelle. Les utilisateurs et les développeurs doivent travailler ensemble quotidiennement tout au long du projet. » L'innovation agile invite à mettre le client au cœur du processus. Le client n'est pas un utilisateur, mais un innovateur lui-même. AirBnb s'appuie sur l'idée que les consommateurs privilégient l'usage à la possession. La plateforme, dont les propriétaires sont les clients, a transformé des milliers de particuliers en entrepreneurs. Dans votre entreprise, associez vos clients tout au long du processus. Soyez transparents sur vos difficultés et ouverts à toutes les propositions. Vos clients vous aideront à progresser.

4. Ne faites pas de plan

« *Fail but fail fast.* » « Privilégiez l'adaptation au changement plus que le suivi d'un plan. Accueillez positivement les changements de cahiers des charges, même tard dans le projet. » Planifier est sécurisant. Mais c'est paradoxalement une prise de risque. Le cabinet américain Standish Group publie chaque année depuis vingt-cinq ans un état des lieux des projets informatiques dans le monde. En 2015, près de 70 000 projets ont été étudiés. Le document, intitulé ironiquement « le rapport chaos », montre que 29 % des projets échouent bel et bien. Ils ne sont que 9 % parmi les projets développés en méthode agile car l'adaptation et la possibilité de retour en arrière permettent un ajustement permanent. Pour réussir, ne faites pas de plan !

Par où commencer ?

Parmi les innovations mises en place récemment dans votre entreprise, quelles sont celles qui venaient des équipes ?

....

....

....

....

Comment faire pour qu'elles soient plus nombreuses ?

....

....

....

....

Pour aller plus loin : Cécile Déjoux, *Management et leadership agile*, Dunod, 2016.

Sur le thème « Innover », voir aussi les leçons 13 et 34.

Où trouver la motivation de se relever lorsqu'on est laissé pour mort au sommet de l'Everest ?

#MiseEnMouvement #motivation

http://bit.ly/2cClCxn

En 1996, l'Everest a connu son pire accident. Douze alpinistes sont morts au cours de son ascension. Ils ont bien failli être treize. Mais Beck Weathers, un texan de 50 ans, a trouvé la motivation de se relever après avoir passé 36 heures dans la neige par −70 °C. Comment est-ce possible ?

De toutes les montagnes, l'Everest est la plus convoitée. C'est aussi l'une des plus périlleuses. Près de 10 % de ceux qui ont tenté son ascension ne sont jamais revenus. La température dépasse rarement les –40 °C, l'oxygène est raréfié, le vent souffle en permanence. En 1953, Edmund Hillary et Tensing Norgay sont les premiers à atteindre le sommet. Au fil des années, les alpinistes seront de plus en plus nombreux à tenter d'atteindre le toit du monde. Cela devient même une petite industrie, encouragée par le Népal qui impose un droit de passage de 75 000 dollars. Les sportifs laissent la place aux amateurs fortunés, pas toujours conscients des risques encourus. En 1996, l'incroyable se produit : un embouteillage à 8 500 mètres d'altitude !

La plupart des expéditions se déroulent en mai, après la fin de l'hiver, mais avant le début de la mousson. Pour atteindre le sommet, les alpinistes marchent pendant trois semaines. La chronologie de l'ascension finale est minutée : partant du dernier camp avant le lever du jour, les alpinistes doivent commencer à redescendre du sommet au plus tard à 14 h pour rentrer avant la nuit. Tout retard serait fatal : l'être humain ne peut pas survivre aux conditions météorologiques nocturnes à une telle altitude.

Le 10 mai 1996, trois expéditions tentent l'ascension : deux équipes américaines et une équipe néo-zélandaise. Soixante-trois alpinistes s'élancent au petit matin. Une terrible tempête de neige s'abat sur eux. Deux alpinistes se trouvent bloqués dans un passage étroit et retardent toute l'équipée. À 14 h, ils sont encore une trentaine au sommet. En fin d'après-midi, treize alpinistes sont bloqués sur le toit du monde et comprennent qu'ils y passeront la nuit. Connaissant l'issue funeste qui les attend, ils envoient un dernier message à leur famille.

Le lendemain, les rescapés remontent chercher leurs amis. Ils trouvent treize corps inanimés qu'ils laissent sur place. Celui de

Beck Weathers a le visage dans la neige. Une journée se passe. Puis deux. Soudain, le soir du deuxième jour, la porte de la tente s'ouvre : c'est Beck Weathers ! Il a survécu. Il a même réussi à se remettre sur ses jambes pour regagner le camp ! Ken Kamler, le médecin de s'expédition, n'en croit pas ses yeux.

Rentré aux États-Unis, Kamler décide d'élucider ce mystère. Il fait passer à Weathers de nombreux examens médicaux, dont plusieurs IRM du cerveau. Résultat : Weathers a été sauvé car il avait le visage dans la neige. Le froid ayant arrêté le fonctionnement du cortex, toute l'énergie du cerveau s'est concentrée en son centre, dans la partie primitive au-dessus de la colonne vertébrale. Le cortex est le lieu de la réflexion, la partie primitive celle des émotions. Weathers se rappelle avoir vu sa femme et ses enfants au moment de se remettre debout. Ce sont ses émotions primaires – la survie de sa famille – qui ont remis son corps en mouvement. Kamler venait de comprendre les sources de l'énergie vitale.

Décryptage

On sait encore peu de choses sur le fonctionnement du cerveau. De nombreuses découvertes ont été faites par hasard, à l'occasion d'accidents. Cela fut le cas au XIXe siècle avec la découverte de la zone des émotions grâce à l'accident de Phineas Gage, employé des chemins de fer dont le cerveau fut traversé d'une barre de fer, le laissant en vie mais dépourvu d'émotions. De même, Beck Weathers a fait progresser la science. Son aventure extraordinaire a permis une avancée significative dans la

Moralité

Les émotions sont la plus puissante source de motivation.

compréhension de la motivation. Ce sont les émotions qui nous mettent en mouvement, bien plus que les arguments rationnels.

Quel enseignement pour les managers ? Nous avons souvent tendance, lorsque nous cherchons à convaincre, à utiliser des chiffres, des données, des éléments rationnels. Mais ce n'est pas le plus efficace. Pour motiver les équipes, mieux vaut chercher à générer chez eux des émotions positives en les interpellant sur ce qui compte le plus pour eux, sur ce qui donne le plus de sens à leur action. Notre cerveau est ainsi fait.

Quatre conseils pour mettre votre équipe en mouvement

1. Ne cherchez pas à convaincre à tout prix

Pour favoriser le premier pas, aidez chacun à prendre conscience de la nécessité de bouger. Le problème, c'est que nous n'avons pas tous les mêmes leviers de motivation : certains salariés sont motivés par le défi, d'autres par la peur de perdre, d'autres par le besoin de sens, etc. Une erreur courante est de transposer aux autres vos propres arguments. Il vous paraît inacceptable que les chiffres de vente soient orientés à la baisse ? Si vous êtes motivé par le défi et l'atteinte des résultats, c'est normal. Mais cet argument aura peu d'impact sur un collaborateur qui cherche principalement du sens à son travail. N'essayez pas de convaincre à tout prix et adaptez vos arguments aux motivations de chacun.

2. Apprenez à jouer sur le registre émotionnel

L'erreur classique consiste à vouloir faire comprendre, chiffres à l'appui, les raisons rationnelles de se mettre en mouvement. Vous aurez plus de succès en déclenchant des émotions (joie, colère, tristesse, etc.), car elles sont universelles. Comment générer des émotions ? Racontez des histoires. Dites à vos collaborateurs ce que vous ressentez vous-même. Jouez par exemple sur le sentiment de fierté : « Je suis heureux que notre équipe ait été choisie pour tester ce nouveau logiciel. » Livrez-vous. N'oubliez pas que les mots *mouvement* et *émotion* ont la même racine. Pour engager vos collaborateurs dans l'action, parlez avec votre cœur !

3. Mettez-vous au service de l'équipe

Le concept de *servant leadership* renverse la pyramide hiérarchique traditionnelle et place le leader au service de son équipe. Écrit par Robert Greenleaf, *The Servant as Leader* invite les dirigeants à quitter les habits du « leader-héros » pour endosser ceux du « serviteur ». Au début du XXe siècle, Henry Ford se lamentait que, bien qu'il n'ait besoin que des mains de ses collaborateurs, il devait embaucher la personne entière. C'était une autre époque ! À l'opposé, le leader-serviteur d'aujourd'hui reconnaît le collaborateur comme une personne. « Vous devez mettre les hommes en premier et si vous le faites réellement vous verrez que les résultats économiques suivront automatiquement », écrit Greenleaf.

4. Nourrissez le plaisir de travailler ensemble

L'entreprise Google a la manie de tout mettre en équation. « Nous avons la chance d'être une entreprise basée sur l'information et qui emploie des gens dotés du savoir-faire analytique qui leur permet de les exploiter. De plus, du fait de notre taille, quand nous menons une expérience, elle est statistiquement valide », déclare le DRH. Google applique ce principe aux ressources humaines. Quel est le nombre optimal d'entretiens d'embauche ? « Quatre. Avec trois, les informations ne sont pas assez fiables, avec cinq, les candidats commencent à se décourager. » Quelle doit être la durée d'attente à la cantine ? « Trois minutes. Assez peu pour que les gens ne perdent pas de temps, mais suffisamment pour qu'ils puissent faire de nouvelles rencontres. » Quelle doit être la durée du congé maternité ? « Cinq mois. C'est le minimum pour que le taux de démission chez les jeunes mamans rejoigne celui des autres salariés. Accorder ce congé nous fait gagner de l'argent. » Toutes ces statistiques ont convaincu Google d'une chose : les salariés les plus heureux sont les plus performants. Tous les chiffres le montrent ! C'est la raison pour laquelle l'entreprise y consacre autant d'énergie. Depuis dix ans, elle est en tête des classements des « entreprises où il fait bon travailler ».

Par où commencer ?

Pour motiver vos équipes, faites-vous plutôt appel à la réflexion ou aux émotions ?

....

....

....

....

Comment générer chez vos équipes des émotions positives ?

....

....

....

....

Pour aller plus loin : Robert Greenleaf, *Servant Leadership: A Journey into the Nature of Legitimate Power and Greatness*, Paulist Press, 2002

Sur le thème « Prendre la parole en public », voir aussi les leçons 22 et 38.

En quoi la culture de Microsoft est-elle différente ?

#CulturedEntreprise #performance

Microsoft est une entreprise à part. Ses produits équipent plus de 90 % des ordinateurs dans le monde. Son succès vient en grande partie de sa culture d'entreprise héritée de l'incroyable personnalité de Bill Gates.

Nous sommes en 1980. Bill Gates a 25 ans. Préférant le business aux salles de cours, il a interrompu ses études dans la prestigieuse université de Harvard pour fonder Microsoft avec un copain d'enfance, Paul Allen. IBM est en train de construire son futur PC. Le géant de l'informatique a besoin d'un système d'exploitation. C'est à l'époque le genre de programme qui n'intéresse pas grand-monde. Le géant IBM se tourne vers le petit Microsoft suite à des déboires avec son partenaire habituel. Bill Gates n'a aucun système d'exploitation à vendre, mais il bluffe : « Nous allons nous en occuper. » Paul Allen connaît une petite société locale, Seattle Computer Products, qui a développé un système d'exploitation nommé QDOS (Quick & Dirty Operating System – système d'exploitation rapide et sale). Seattle Computer Products est une entreprise de *geeks*, pas de businessmen. Ils vendent leur QDOS à Microsoft pour 75 000 dollars, pensant faire une bonne affaire. Microsoft renomme l'outil MS-DOS et l'impose à IBM, qui le propose par défaut sur tous ses PC. Mais Bill Gates se garde bien de mettre tous ses œufs dans le même panier : il conserve la propriété du MS-DOS et le propose également aux concurrents d'IBM ! Texas Instruments, Compaq, Thomson, Amstrad, Dell se mettent eux aussi à utiliser MS-DOS. Cela leur permet de concurrencer frontalement IBM. Bill Gates a joué un drôle de tour à son premier client. La part de marché d'IBM était de 65 % en 1980, trois ans plus tard elle tombe à 23 %.

Bill Gates aime la compétition. Quel que soit l'enjeu, il veut gagner. Sa personnalité est à l'origine de la culture de Microsoft où la concurrence est omniprésente, que ce soit en externe contre les concurrents, ou en interne entre salariés. Lors de la guerre contre Netscape pour devenir le premier navigateur Internet, les slogans hostiles au PDG de l'entreprise concurrente sont placardés sur les murs de la *war room* de Microsoft. Les informaticiens qui y travaillent jour et nuit n'ont guère de doute sur l'objectif à atteindre !

Cette volonté de gagner à tout prix a parfois conduit l'entreprise au bord de la légalité. Rappelons une histoire connue de tous les salariés. Dans les premières années de l'entreprise, Bill Gates, Paul Allen et les autres fondateurs prenaient fréquemment l'avion pour se rendre chez leurs clients. Ils partaient toujours au dernier moment pour l'aéroport. Celui qui partait en avance se faisait traiter de poule mouillée : seul un froussard a peur de rater un avion ! Peu à peu, cela est devenu un jeu. Celui qui partait en dernier et réussissait à monter dans l'avion remportait la manche. Un jour, Bill Gates décide que c'est son tour de gagner. Il part bien après les autres, fonce jusqu'à l'aéroport et plante sa voiture devant l'entrée, économisant le temps de trouver une place de parking. Sa voiture finira à la fourrière. Mais, pour ses collègues, le message est clair : peu importe la manière, l'essentiel est de gagner ! La culture Microsoft est née.

Décryptage

Quelles sont les entreprises les plus inspirantes du monde ? Les cadres interrogés par le magazine *Fortune* répondent Google, General Electric, Toyota, Apple, BMW, Coca-Cola, L'Oréal, etc. Toutes ces entreprises ont une culture d'entreprise forte, spécifique, et savamment entretenue. Et ce n'est pas un hasard.

Une entreprise est un groupe d'individus. Sa performance est liée à sa cohérence : les efforts seront d'autant plus efficaces qu'ils seront coordonnés au service du même objectif. Comme le montre Maurice Thévenet, professeur de management à l'Essec, l'adhésion aux valeurs de l'entreprise développe la motivation, permet une meilleure coordination, facilite les synergies, assure une meilleure intégration des nouveaux salariés. La culture est une force.

Moralité

La culture est l'un des moteurs de l'entreprise.

Un salarié de Microsoft n'a qu'à observer Bill Gates pour comprendre ce qui est attendu de lui. Mais toutes les entreprises n'ont pas un leader charismatique. Si ce n'est pas votre cas, prenez le temps d'expliquer à vos collaborateurs ce qui les fédère.

Quatre conseils pour faire vivre une culture d'entreprise

1. Prenez conscience de vos spécificités culturelles

François Dupuy, sociologue, raconte qu'il a été sollicité par le futur PDG de GDF-Suez pour identifier des éventuels obstacles lors de la fusion entre les deux entreprises. Ses groupes de parole et ses observations l'ont conduit à réaliser que, chez GDF, les décisions étaient appliquées sans discussion (vertu de la culture bureaucratique) tandis que, chez Suez, elles n'étaient qu'une base de discussion (limite de la culture agile). Les différences culturelles étaient si fortes qu'elles pouvaient faire échouer le projet de fusion. Mais personne n'en avait conscience ! Partager ce diagnostic a aidé chacun à se positionner dans le nouvel ensemble.

2. Ne cherchez pas à sanctuariser la culture mais à la faire vivre

Comme John Kotter l'a montré il y a vingt ans, la culture d'une entreprise n'est pas toujours source de performance, loin de là ! Par exemple, une culture procédurale sera un frein à l'innovation. Kotter affirme qu'une culture doit répondre à deux critères : l'adéquation avec les besoins du marché et l'agilité. Une entreprise ne doit jamais être enfermée par sa culture. Northwest Airlines a connu un grand succès dans les années 1970 grâce à sa culture procédurale et ce, malgré une mauvaise qualité de service. Mais dans les années 1980, le marché a été déréglementé et les clients se sont détournés de l'entreprise. Elle a frôlé la faillite. C'est au prix d'une transformation culturelle profonde qu'elle est redevenue la cinquième compagnie aérienne du monde en remettant le client au cœur de ses préoccupations. Une « bonne » culture n'est pas un dogme, mais une invitation au changement permanent.

3. Identifiez vos leviers d'action

Edgar Schein, professeur au MIT, identifie trois niveaux de la culture : les manifestations visibles, les valeurs, les croyances tacites. Il montre qu'il est difficile de faire changer les croyances et conseille d'agir sur les manifestations visibles : modalités de prise de décision, événements d'entreprise, jargon, rites et rituels, etc. Il explique que la culture d'entreprise se compose de symboles et de mythes fondateurs. Pour transformer une culture, à votre tour, racontez des histoires. Parlez d'expériences marquantes et illustratives de la culture que vous souhaitez installer. Communiquez, expliquez le comportement attendu de chacun, soyez exemplaire et veillez particulièrement au comportement de ceux qui vous sont proches.

4. Mobilisez l'équipe autour d'un projet collectif

À l'image de Microsoft, la culture d'entreprise s'est souvent façonnée autour de la personnalité de son fondateur. Par exemple, Ingvar Kamprad, fondateur d'Ikea et milliardaire, faisait ses courses pendant les soldes : pas étonnant que la recherche de prix bas soit un leitmotiv de l'entreprise. Mais il n'est pas nécessaire d'avoir fondé l'entreprise pour imprimer sa marque. Plusieurs entreprises ont rédigé des projets d'entreprise complets et détaillés… qui sont restés dans les tiroirs. Pour éviter cela, privilégiez les démarches collectives et les visions prospectives. Mieux vaut une grande ambition mobilisatrice qu'un plan défini jusque dans ses moindres détails. Réunissez vos équipes, faites-les travailler ensemble. Aidez-les à se projeter vers le futur. Et ne sous-estimez pas le temps nécessaire à transformer une culture : Jack Welch a mis dix ans pour transformer General Electric.

Par où commencer ?

Quelles sont les spécificités de votre culture d'entreprise ?

....

....

....

....

Quels sont les atouts à renforcer ?

....

....

....

....

Pour aller plus loin : John P. Kotter, James L. Heskett, *Culture et performances : le second souffle de l'entreprise*, éditions d'Organisation, 1993

Sur le thème « Piloter la performance », voir aussi les leçons 7, 28, 30 et 39.

Qu'y a-t-il dans la tête de l'inventeur oublié du fondant au chocolat ?

#reconnaissance #engagement

http://bit.ly/2d1kzsO

Le fondant au chocolat est le dessert préféré des Français. Son inventeur est restaurateur dans l'Aveyron. Il s'appelle Michel Bras. Son invention ne l'a rendu ni riche ni célèbre. Pourtant, il n'en garde aucune amertume. Pourquoi ?

En 1979, Michel Bras rentre d'une promenade à ski de fond sous un temps exécrable. La famille se réunit autour d'un chocolat chaud. Peu à peu les langues se délient, l'ambiance se réchauffe. Michel Bras décide de retranscrire cette émotion en cuisine.

Avec sa brigade, il met deux ans à mettre au point la recette. Le noyau, une ganache de chocolat, est congelé puis intégré au cœur d'une pâte à biscuit, cuite à 180 °C pendant 20 minutes. Lorsqu'on plante la cuillère dans le fondant, le cœur fond et la carapace croustille. Ce gâteau fait un tabac auprès de la clientèle de Michel Bras.

Michel Bras, tout fier de son invention, n'hésite pas à dévoiler sa recette. Elle peut paraître simple au premier abord mais la gestion des deux appareils à deux températures différentes nécessite beaucoup de doigté. Cela n'empêche pas les industriels de se l'accaparer. Peu à peu, le fondant au chocolat devient un succès planétaire. La recette est copiée, diffusée, banalisée. Aujourd'hui, le fondant au chocolat est à la carte de tous les restaurants.

Et Michel Bras dans tout ça ? Michel Bras n'est devenu ni riche, ni célèbre. Est-il amer ? Pas du tout ! Car, si le grand public ne connaît pas Michel Bras, il est une sommité dans le petit monde de la haute gastronomie. En 1999, Michel Bras obtient sa troisième étoile au Guide Michelin. En 2016, il est élu par 528 de ses pairs « cuisinier le plus influent au monde ». C'est la reconnaissance ultime pour ce fils d'épicier de l'Aubrac. Comme il le dit lui-même : « Personne ne peut s'accaparer un tel bonheur. »

Décryptage

Selon une étude de l'institut américain Gallup réalisée en 2012, seuls 9 % des salariés français se disent « engagés » c'est-à-dire impliqués, proactifs, épanouis dans leur travail et créateurs de valeur pour leur entreprise. Une grande majorité des actifs effectuent leur tâche avec une relative neutralité. Ils sont physiquement présents mais leur cerveau est ailleurs. Plus inquiétant, 26 % d'entre eux se déclarent « activement désengagés », c'est-à-dire qu'ils ont une vision négative de leur entreprise et vont jusqu'à agir contre ses intérêts.

Notre première attente vis-à-vis de notre travail n'est ni le salaire, ni l'intérêt de la mission, mais la reconnaissance : reconnaissance pour nos résultats, pour nos efforts, pour nos talents. Michel Bras y a trouvé son bonheur. La reconnaissance de ses pairs suffit à faire de lui un homme heureux, même si sa recette de fondant au chocolat lui a totalement échappé.

En 2012, BVA a réalisé un sondage croisé auprès de 800 salariés français et de leurs managers. Le résultat est intéressant et cruel : 24 % des salariés jugent « mauvaise » la relation avec leur manager. Mais ceux-ci ne sont que 4 % à s'en rendre compte ! D'où vient le problème ? 40 % des collaborateurs jugent que leur manager ne valorise « jamais » leur travail !

Moralité

Accordez plus de reconnaissance à vos collaborateurs.

En tant que manager, votre rôle est primordial. Vous estimez donner déjà beaucoup de reconnaissance à vos collaborateurs ? Parfait. Pour combler leurs attentes, faites-en quatre fois plus !

Quatre conseils pour renforcer l'engagement de vos collaborateurs

1. Mesurez l'engagement

Lors de son discours de prise de fonction en 2014, Emmanuel Faber, PDG de Danone, s'est présenté en tant que « CEO, *Chief Engagement Officer* ». Inspiré par la lecture du livre de John Smythe, il explique que les collaborateurs les plus engagés sont plus créatifs, plus aptes au changement, plus motivants pour leurs collègues. L'engagement est donc au cœur des enjeux de l'entreprise. L'institut Gallup montre qu'il suffit de poser douze questions pour mesurer l'engagement : au travail, avez-vous l'occasion de faire ce que vous faites le mieux chaque jour ? Au cours des sept derniers jours, avez-vous reçu des éloges pour votre travail ? Votre avis semble-t-il compter ? Avez-vous un meilleur ami au travail ? Tout plan d'action commence par un diagnostic. Mesurez l'engagement de vos collaborateurs pour identifier vos leviers d'action.

2. Donnez du sens au travail de vos salariés

« Si tu veux construire un bateau, ne rassemble pas tes hommes et femmes pour leur donner des ordres, pour expliquer chaque détail, pour leur dire où trouver chaque chose… Si tu veux construire un bateau, fais naître dans le cœur de tes hommes et femmes le désir de la mer », disait Antoine de Saint-Exupéry. Pour s'impliquer, les collaborateurs ont besoin de comprendre à quoi ils contribuent. De nombreux dirigeants négligent cet aspect. Ils prennent pour un fait acquis que les salariés savent pourquoi ils sont là. Rien n'est moins sûr. Cherchez dans votre mémoire les chefs qui ont su le mieux vous motiver. Ce sont probablement ceux qui ont pris le temps de vous expliquer en quoi, personnellement, vous contribuez à l'entreprise.

3. Reconnaissez les gens pour ce qu'ils sont, pas seulement pour ce qu'ils font

Reconnaître, oui, mais reconnaître quoi ? Le professeur canadien Jean-Pierre Brun a étudié cette question. Premièrement, les collaborateurs attendent que leur manager reconnaisse leur travail et leurs résultats. Accordez du temps à vos collaborateurs, intéressez-vous à leur travail et valorisez-le. C'est la moindre des choses ! Deuxièmement, reconnaissez les efforts. Un collaborateur qui a travaillé avec acharnement pour gagner un nouveau contrat devra être reconnu, même si le contrat ne vous est finalement pas attribué. Troisièmement, reconnaissez les personnes. Votre collaborateur est une personne avant d'être un salarié. Prenez en considération les aspects personnels. Intéressez-vous aux études des enfants de votre collaborateur. Prenez de ses nouvelles lorsque qu'il est malade. Évident ? Pas tant que cela. Certaines entreprises préfèrent que leurs managers gardent une distance avec leurs collaborateurs. La plupart des études le déconseillent. Reconnaître votre collaborateur en tant que personne aura un effet très bénéfique sur son engagement.

4. Félicitez régulièrement

Faut-il féliciter les gens lorsqu'ils font simplement leur travail ? La réponse est sans ambiguïté : oui ! Les psychologues étudient depuis cinquante ans les relations humaines. Le psychiatre américain Eric Berne a généralisé l'usage du « *stroke* » qu'on pourrait traduire par « stimulus » en français. Il a notamment montré l'importance dans une relation des *strokes* positifs : chaleureuse poignée de main, tape amicale dans le dos, hochement de tête approbateur ou sourire radieux. Dans les années 1960, une étude a été menée sur deux groupes de bébés. Ceux bénéficiant du plus grand nombre de *strokes* positifs – en l'occurrence des câlins – étaient en meilleure santé. En 2005, Marcial Losada a publié d'une étude quantitative : combien faut-il de *strokes* positifs pour équilibrer un seul *stroke* négatif ? Réponse : six. Chaque fois que vous critiquez un collaborateur, rappelez-vous que vous devrez le félicitez six fois avant qu'il retrouve son niveau d'engagement de départ !

Par où commencer ?

Quand avez-vous félicité vos collaborateurs pour la dernière fois ?

....

....

....

....

Pour aller plus loin : John Smythe, *The CEO Chief Engagement Officer: Turning Hierarchy Upside Down to Drive Performance*, Gower, 2007

Sur le thème « Renforcer la performance de l'équipe », voir aussi les leçons 8, 29 et 44.

Comment Dick Fosbury a-t-il eu la médaille d'or de saut en hauteur à son premier essai ?

#créativité #règle #habitude #innovation

http://bit.ly/2cTPlfg

Dick Fosbury, athlète américain du saut en hauteur, n'a participé qu'à une seule grande compétition, les jeux Olympiques de Mexico. Sa médaille d'or a marqué l'histoire de sa discipline. Surtout, elle montre la voie pour tous les innovateurs.

Nous sommes en 1968, en pleine guerre froide. Les jeux Olympiques de Mexico se déroulent dans une ambiance survoltée. L'enjeu est important pour les États-Unis dont l'équipe d'athlétisme veut en découdre avec l'équipe soviétique. C'est alors que le public découvre un nouveau venu dans le saut en hauteur, Dick Fosbury.

Dick Fosbury revient de loin. À l'époque, les sauteurs en hauteur utilisent la technique du rouleau ventral (l'athlète attaque la barre latéralement, sur le pied intérieur, et s'enroule autour d'elle à l'horizontale). Cette technique ne convient pas à Fosbury. Son gabarit d'1,93 mètre et son centre de gravité très haut l'handicapent. Devant ses mauvais résultats, son entraîneur avait même décidé de le réorienter vers le triple saut. Mais il se trouve que, dans le stade où s'entraîne Fosbury, l'aire d'arrivée en sable a été remplacée par un épais matelas en mousse. Par jeu, il y développe une technique très personnelle : il attaque la barre sur le mauvais pied, de dos, se couche sur la barre puis tombe littéralement de l'autre côté. Cette technique insolite et révolutionnaire permet des miracles. À la dernière minute, Fosbury réussit les éliminatoires pour Mexico.

C'est ainsi que Fosbury se présente à ses premiers jeux Olympiques. Il n'a jamais remporté la moindre médaille. Il n'a même jamais participé à la moindre compétition. Inconnu du grand public et des journalistes, personne ne s'intéresse à lui. Il s'avance sur la piste, prend son élan… et élimine une barre à 2,22 mètres à son premier essai. Le public exulte !

Immédiatement, l'équipe soviétique demande à ce que le saut soit invalidé : « Ce saut est illégal, il est interdit de sauter de cette manière. » Tandis que le public vocifère contre l'équipe soviétique, les juges se plongent dans le règlement. Celui-ci n'impose rien ni sur le pied d'attaque, ni sur l'angle pour franchir la barre, ni sur le fait de chuter à l'arrivée. Dick Fosbury est médaillé d'or !

Après les jeux Olympiques, il retourne à ses études. Il devient ingénieur en génie civil, et laisse à d'autres le soin de perfectionner sa technique. Dix ans après Mexico, le saut sur le dos, renommé Fosbury Flop, s'impose définitivement.

Décryptage

Un manager doit savoir innover, remettre en cause l'existant, penser « *out of the box* », sortir du cadre. Ce n'est pas toujours simple. Dick Fosbury livre un conseil utile : sachez distinguer la règle et l'habitude.

Il est facile de tomber dans le piège : les habitudes sont parfois tellement ancrées qu'on les prend pour des règles. Les exemples sont nombreux. La constitution belge de 1830 précise que « la Nation belge adopte les couleurs rouge, jaune et noir ». Pourtant, c'est aujourd'hui un drapeau noir, jaune et rouge qui est utilisé partout. Le drapeau belge est à l'envers depuis 186 ans ! La règle pèse bien peu face à l'habitude. Personne ne cherche d'ailleurs à la remettre en cause.

Le poids des habitudes limite notre créativité. Prendre appui sur le pied intérieur, sauter latéralement, se réceptionner à l'arrivée, ce sont des habitudes prises par les sauteurs en hauteur. Elles ne sont pas dénuées d'intérêt. Sauf si elles nuisent à leur performance ! C'est ce que Dick Fosbury avait compris avant tout le monde.

Moralité

Éliminez impitoyablement les habitudes qui vous empêchent de progresser !

Quatre conseils pour avoir de nouvelles idées

1. Passez tout de suite de l'idée à l'action

John Ingledew a recensé quarante méthodes pour générer des idées. Mais il met en garde : « Une idée en appelle une autre. La meilleure façon d'avoir des idées, c'est donc de réagir à une précédente. » Pour avoir une idée, commencez par mettre en œuvre la précédente ! D'ailleurs, ce ne sont pas les meilleures idées qui mènent à la réussite, mais celles qui sont mises en œuvre. « Le génie, c'est 1 % d'inspiration, 99 % de transpiration », disait Thomas Edison. L'innovation est la transformation d'une idée en action. C'est souvent là que le bât blesse. Pour éviter que vos idées terminent au cimetière des idées, faites preuve de discipline : sélectionnez-les drastiquement pour ne retenir les meilleures ; faites le premier pas, même petit, car c'est lui qui vous met en chemin ; jouez collectif, car en entreprise, une idée ne va jamais loin si elle est portée par une personne seule. Surtout, n'attendez pas d'avoir l'idée du siècle pour la mettre en œuvre !

2. Forcez-vous à regarder loin devant

Le principal frein à la créativité, c'est d'avoir la tête dans le guidon. Si votre agenda vous empêche de prendre de la hauteur, vous aurez du mal à imaginer des choses vraiment neuves. L'éditeur de logiciel Oracle propose régulièrement à ses collaborateurs un « digital café » : ils sont invités à découvrir un panel d'innovations récentes liées au digital. Ce dispositif force chacun à lever la tête. D'autres grandes entreprises lancent des start-up internes, comme le iLab d'Air Liquide présenté comme « le laboratoire des nouvelles idées du groupe ». Cette démarche répand un vent d'innovation dans toute l'entreprise. Oubliez les « boîtes à idées » posées dans les bureaux ; désormais les démarches d'innovation doivent « faire le show ».

3. Ne dédaignez pas ce qui est moins sexy

Quand on pense « innovation », on pense souvent « high-tech ». À tort. James Dyson est l'un des plus grands innovateurs de la fin du xxe siècle. Les Anglais l'appellent « le Steve Jobs de l'électroménager ». Il a notamment réussi à innover dans un secteur mature et peu attractif, celui des aspirateurs. Taciturne et opiniâtre (il a réalisé 5 127 prototypes de son aspirateur sans sac), James Dyson montre que la créativité ne se limite pas aux secteurs de pointe, bien au contraire. C'est également vrai au sein de l'entreprise. Le département marketing n'a pas le monopole de la créativité. Par exemple, il faut aussi savoir innover dans les processus comptables et le traitement des déchets !

4. Amusez-vous

En 1957, les Russes lancent le satellite *Spoutnik*. Deux jeunes chercheurs américains du Maryland s'amusent à écouter le signal émis par le *Spoutnik* qui tourne autour de la Terre. C'est une idée sympa et plusieurs collègues se joignent à eux. L'un est spécialisé dans les calculs de trajectoire. Il s'amuse à dessiner la trajectoire du satellite autour de la Terre en décryptant la déformation du signal (effet Doppler). Leur chef réalise qu'ils viennent de trouver un moyen de localiser un point dans l'espace à partir d'un point sur la Terre. Une idée lui vient : « Et si on faisait l'inverse ? » Ainsi naît le GPS, consistant à localiser un point sur la Terre à partir d'un point dans l'espace. Le GPS n'est pas le fruit d'une idée géniale. C'est le fruit d'un enchaînement d'idées, les unes rebondissant sur les autres dans une ambiance potache de bonne humeur et de défi. Le jeu et l'amusement sont des terreaux favorables à la naissance des idées. Favorisez-les !

Par où commencer ?

Êtes-vous plutôt comme Fosbury qui casse les habitudes ou comme Dyson qui essaie avec opiniâtreté jusqu'à trouver la bonne idée ?

....

....

....

....

Et au fait, qu'attendez-vous pour mettre en œuvre cette idée qui vous trotte dans la tête depuis des mois ?

....

....

....

....

Pour aller plus loin : John Ingledew, *How to have Great Ideas: A Guide to Creative Thinking and Problem Solving*, Laurence King Publishing, 2016

Sur le thème « Innover », voir aussi les leçons 9 et 34.

Quel est le secret de l'extraordinaire efficacité des Beatles ?

#feedback #bienveillance #exigence

http://bit.ly/2d7PimL

Les Beatles forment l'équipe musicale la plus performante de tous les temps. En seulement huit ans, ils ont écrit près de 250 chansons dont un grand nombre est resté célèbre. Quel est leur secret ? Pour le découvrir, suivons l'histoire de leur batteur, Ringo Starr.

John Lennon, Paul McCartney et George Harrison sont des amis d'enfance. En 1962, ils reviennent d'une tournée en Allemagne et s'apprêtent à enregistrer leur premier disque. Ils se cherchent un batteur. John Lennon décide de recruter un certain Ringo Starr. Mais la maison de disques n'aime pas trop cette idée.

Ringo Starr n'est pas un excellent batteur, son jeu est pauvre et assez brouillon. George Martin, le manager des Beatles, décide tout simplement de le remplacer lors de l'enregistrement. Le premier tube des Beatles, *Love me do*, est enregistré par un batteur professionnel du studio. C'est un affront pour Ringo Starr… mais aussi pour John Lennon qui l'a recruté ! Il va voir McCartney et lui dit : « Qu'est-ce qu'on fait ? J'ai bien envie de garder Ringo, il est sympa ce type ! » Lennon et McCartney tombent vite d'accord : « Nous allons faire de lui un Beatles à part entière. »

Les Beatles avaient un plaisir manifeste à jouer ensemble, mais aussi à être ensemble. Entre les concerts, plutôt que de vivre chacun leur vie, les quatre musiciens ne se quittent pas. Ils partagent tout. Ils passent des heures à répéter, y compris les morceaux qu'ils connaissent pourtant sur le bout des doigts. Il régnait dans le groupe une ambiance extraordinaire. Il y avait entre eux de l'émulation, voire de la rivalité – en particulier entre John Lennon et Paul McCartney. Mais il y avait aussi beaucoup d'amitié et de bienveillance. Ils cherchaient sincèrement à progresser et les feedbacks étaient permanents. Cette alliance d'exigence et de bienveillance est l'origine de leur formidable créativité.

Ses amis réservent à Ringo Starr un traitement spécial. Sur chaque disque, Lennon et McCartney lui offrent de chanter une de leurs compositions. Épisode resté célèbre, en juin 1966, ils lui proposent de chanter l'histoire d'un sous-marin jaune. Ce sera *Yellow Submarine*, son « tube ». Ringo Starr n'est pas un grand chanteur. Alors pourquoi font-ils cela ? Car en le faisant chanter, ils l'aident à développer son sens de la mélodie. Cela leur offre l'occasion de lui faire un feedback dans un domaine artistique plutôt que technique. Lennon et McCartney savent bien que Ringo Starr ne sera jamais un virtuose de la batterie. Son talent à lui, c'est la musicalité. C'est cela que Lennon et McCartney cherchent à développer.

En quelques années, Ringo Starr prend toute sa place au sein des Beatles. Son jeu de batterie ne donne pas seulement le rythme, il complète l'harmonie. C'est le « son » Beatles. Ringo Starr marque l'histoire de son instrument. La batterie devient un instrument à part entière. Lennon et McCartney ont réussi leur pari.

Décryptage

On ne devient pas une équipe performante par hasard. Les Beatles en font la démonstration. On remarquera d'ailleurs qu'aucun des quatre Beatles n'a réussi à reproduire en solo le succès qu'ils ont eu en groupe. Au-delà des talents individuels, il y avait chez ces quatre-là un plaisir d'être ensemble qui les a amenés à se dépasser. Leur capacité collective était supérieure à la somme de leurs capacités individuelles.

> **Moralité**
> Pour progresser, instaurez une culture du feedback au sein de votre équipe.

Les Beatles sont un exemple pour toutes les équipes qui cherchent à progresser. Leur histoire montre la puissance d'un outil extraordinairement efficace et pourtant trop peu utilisé en entreprise : le feedback.

Quatre conseils pour développer la culture du feedback

1. Utilisez toutes les occasions

De nombreuses grandes entreprises, à l'image de L'Oréal ou de la Société Générale, cherchent à développer une culture du feedback. Mais la culture managériale française est parfois bousculée par cette approche qui nécessite beaucoup de transparence et d'humilité. Par où commencer ? Cassez l'aspect cérémonial de l'évaluation. Le feedback doit devenir simple et naturel. Tirez parti des multiples occasions de feedback : une réunion, un rendez-vous client, un projet de groupe sont autant d'opportunités de faire progresser vos collègues.

2. Établissez un climat de confiance

Ed Batista a publié en 2013 un article dans la *Harvard Business Review* sur la culture du feedback. Il montre la nécessité de veiller au climat général. Le feedback peut devenir source d'anxiété pour le collaborateur, ce qui est exactement le contraire de l'objectif poursuivi. Rappelez-vous que l'entretien de feedback n'est pas un entretien d'évaluation, et encore moins un entretien annuel où on parlerait de tous les sujets concernant la personne. L'entretien ne doit porter que sur l'action objet du feedback. Ed Batista donne trois conseils : apprenez à vous connaître mutuellement en tant que personnes, cela garantira un climat constructif ; exprimez des émotions (peur, joie, inquiétude, etc.) pour montrer votre volonté d'un dialogue ouvert et transparent ;

acceptez que votre interlocuteur refuse votre feedback s'il ne se sent pas prêt, c'est une preuve de maturité dans la relation. Pour instaurer une culture du feedback, ne l'imposez pas, cela serait contre-productif.

3. Recherchez le feedback pour vous-même

Soyez exemplaire. Vous ne pouvez pas dire que vous cherchez à instaurer une culture du feedback sans le rechercher pour vous-même ! N'attendez pas qu'on vous le propose. D'autant que si vous êtes le manager de l'équipe, vous risquez d'attendre longtemps. Allez au-devant de vos collègues et demandez-leur du feedback. Soyez transparent. Reconnaissez vos marges de progrès et soyez spécifique sur les domaines dans lesquels vous cherchez à progresser (l'expression orale, la posture, l'animation de réunion, etc.). La culture du feedback, c'est à 360° : quel que soit le niveau hiérarchique, tout le monde doit être capable de donner du feedback à tout le monde.

4. Formez-vous

Vous pensez qu'il est facile de faire un feedback ? Détrompez-vous : un feedback peut être très démotivant s'il est mal fait ! Apprenez à donner du feedback. Voilà la méthode. Commencez toujours par le positif. Mettez l'accent sur les forces de votre interlocuteur. Soyez précis et spécifique, autant dans le positif que dans le négatif. Laissez votre interlocuteur réagir. Faites un feedback même (et surtout !) si vous n'avez que du positif à dire. Enfin, apprenez à accueillir le feedback pour vous-même, même négatif, en vous méfiant notamment de votre langage corporel qui pourrait vous trahir. L'entretien de feedback est un outil managérial très puissant s'il est bien utilisé.

Par où commencer ?

Quand avez-vous donné du feedback pour la dernière fois ?

....

....

....

....

Quelle est la prochaine occasion pour vous y mettre ?

....

....

....

....

Pour aller plus loin : Ed Batista, « Make Getting Feedback Less Stressful », *Harvard Business Review*, 8 août 2014

Sur le thème « Développer les compétences », voir aussi les leçons 4, 25 et 42.

Comment le professeur Ariely, spécialiste des émotions, a-t-il choisi son sujet de recherche ?

#émotions #IntelligenceEmotionnelle

Dan Ariely est aujourd'hui un célèbre professeur en économie comportementale de l'université de Duke. Il travaille à expliquer pourquoi autant de gens intelligents prennent des décisions erronées. Il a choisi ce thème de recherche suite à une expérience personnelle douloureuse, au sens propre et figuré.

En 1985, Dan Ariely a 18 ans. Il vit dans la banlieue de Tel Aviv. La guerre au Liban touche à sa fin, mais les militaires poursuivent un entraînement acharné. Un soir, lors d'une fête de quartier, il est touché par une fusée éclairante. 70 % de la surface de son corps est brûlée au troisième degré.

A l'hôpital, les infirmières prennent grand soin de lui. Chaque jour, Dan Ariely est immergé dans un bain désinfectant puis ses bandages sont changés. Retirer les bandages est un supplice car la peau part souvent avec le pansement. La chair est à vif. Les infirmières ont un rituel immuable qui, selon elles, réduit la douleur pour le patient : les bandages sont retirés d'un coup sec. Dan Ariely, lui, ne voit aucune raison de privilégier ce processus qui génère une douleur certes brève, mais absolument insoutenable.

Après trois années à l'hôpital, il rejoint l'université où il suit des cours sur la physiologie du cerveau. Traumatisé par son expérience de grand brûlé, il s'intéresse à la neurologie de la douleur. Et ne trouve rien venant confirmer les dires des infirmières, au contraire. Il retourne dans le service des grands brûlés de l'hôpital de Tel Aviv, réunit les infirmières et leur fait part de sa propre vision des choses : il vaudrait mieux retirer lentement les bandelettes, une à une.

Les infirmières l'écoutent attentivement. Le bien-être du patient est un souci sincère. Ce que Dan Ariely raconte les attriste profondément. Les discussions vont bon train. Puis l'une d'elle, amie de Dan Ariely, prend la parole : « Tu sais, Dan, nous devons supporter les cris des patients pendant une heure, le temps de retirer toutes les bandelettes. Il faut que tu comprennes que c'est très dur pour nous également. » Ariely et les infirmières prennent conscience en l'entendant que, dans le fond, elles cherchent à abréger leurs propres souffrances... contre l'intérêt du patient. Les infirmières conviennent qu'il faudra désormais procéder autrement.

Mais lorsque Dan Ariely revient trois mois plus tard, à sa plus grande surprise, rien n'a changé. Malgré leur résolution, les infirmières ont gardé leur façon de faire. Le professeur Ariely venait de comprendre la place de l'irrationnel dans les décisions humaines. « Voilà un bon sujet de recherche », se dit-il. Il y consacra sa vie.

Décryptage

De quelles compétences auront besoin les leaders de demain ? Selon plusieurs études dont le World Economic Forum a fait la compilation, une compétence émerge : l'intelligence émotionnelle. Elle consiste à comprendre ses émotions et celle des autres. Comme le montre l'histoire des infirmières de Tel-Aviv, nous ne sommes pas des êtres rationnels. Les décisions que nous prenons sont toujours influencées par nos émotions.

Phineas Gage était un employé des chemins de fer aux États-Unis. Lors d'une explosion, une barre de fer lui traverse la boîte crânienne. Physiquement, toutes ses capacités sont intactes. En revanche, il se retrouve dépourvu d'émotions et n'arrive plus à prendre de décisions. Antonio Damasio, professeur de neurologie, s'intéressa à son cas et démontra l'utilité des émotions du point de vue de la survie de l'espèce humaine. « La peur entraîne la fuite, la joie l'envie de se reproduire, la tristesse le besoin de rejoindre le groupe. Les émotions déclenchent les décisions réflexes qui nous sauvent. Si, comme Phineas Gage, vous n'aviez plus d'émotions, vous ne pourriez plus rien entreprendre. » Ce ne sont pas seulement des éléments rationnels qui nous guident, mais ce que nous ressentons.

Moralité

Travaillez votre intelligence émotionnelle.

Les entreprises font parfois semblant de croire que les salariés laissent leurs émotions à la porte du bureau. Or nos émotions jouent un rôle fondamental dans nos décisions, nos relations, nos comportements. N'ayez pas peur des émotions. Au contraire, apprenez à vous en servir.

Quatre conseils pour développer votre intelligence émotionnelle

1. Acceptez vos émotions

En France, patrie de Descartes, de nombreux dirigeants ont appris à mettre l'accent sur la rationalité et à cacher leurs émotions. Daniel Goleman, professeur à Harvard, conseille exactement l'inverse : « La capacité de se manager soi-même, avoir la conscience de soi-même et s'autoréguler, est la base pour manager les autres. Par exemple, la science a appris que si vous faites la sourde oreille à vos propres émotions, vous aurez du mal à les lire dans d'autres personnes. Et si vous ne pouvez pas régler avec précision vos propres actions, vous empêchant vous-même d'exploser ou tomber en morceaux, vous serez mauvais dans le management des personnes avec lesquelles vous traitez. Les meilleurs leaders sont d'abord des champions à se diriger eux-mêmes. » Dire qu'un changement d'organisation vous fait peur n'est pas infâmant, au contraire. Les émotions sont les réponses naturelles de l'organisme à un changement d'environnement.

2. Contrôlez vos émotions

Daniel Goleman a mené des études sur près de 3 000 enfants. Il a montré que le QI ne prédit que 10 à 20 % de leur avenir. Pour le reste, le facteur clé de réussite est le quotient émotionnel

(QE). Il est présent très jeune et se travaille tout au long de la vie. Pour cela, Goleman invite notamment à maîtriser ses émotions. Contrôlez « les petites voix » qui vous trottent dans la tête et qui mènent souvent à des pensées négatives. Au tennis, ce n'est pas parce que vous venez de faire une double faute que vous êtes nul au service. Ne généralisez pas. N'exagérez pas. Ne tirez pas d'une situation une fausse confirmation : « J'en étais sûr, je l'ai toujours dit. » Laissez passer l'orage avant de réagir. Les IRM montrent que l'afflux d'émotions détourne les comportements habituels et trompe votre cerveau. Apprenez à contrôler vos émotions sans les cacher.

3. Faites preuve d'empathie

En 1999, l'archevêque Desmond Tutu publie *Pas d'avenir sans le pardon*. Ce livre émouvant, qui cherche à tourner la page de l'apartheid, promeut l'Ubuntu. « L'Ubuntu est l'essence de l'être humain. Vous ne pouvez exister en tant qu'être humain isolément. Ubuntu rappelle notre interdépendance. Nous nous pensons beaucoup trop souvent comme des individus, séparés les uns des autres, alors que nous sommes connectés et que ce que nous faisons affecte le monde entier. » Pour développer votre empathie, entraînez-vous. Cherchez à comprendre les émotions des autres. Par exemple, lors d'un entretien individuel, demandez à votre interlocuteur sa météo intérieure sur une échelle de 1 à 10. Observez beaucoup. Identifiez dans votre entourage des gens qui vous semblent particulièrement doués dans ce domaine et imitez-les.

4. Tenez-vous informé des découvertes en neurosciences

La *Harvard Business Review* regorge d'articles sur les moyens d'utiliser les émotions selon le contexte professionnel. « Comment contrôler vos émotions lors d'une négociation ? », « Comment générer des émotions positives chez vos prospects ? », « Comment utiliser les émotions pour motiver vos collaborateurs ? » Les articles racontent de nombreuses expériences de neurosciences appliquées à l'entreprise. Eddie Harmon-Jones montre que les salariés d'une agence de communication sont plus créatifs après la projection de vidéos amusantes sur les chats. Maurice Schweitzer montre que les managers prennent de meilleures décisions après avoir visionné un film stressant car il développe leur esprit critique. Michael Harris démontre que vous avez cinq fois plus de chance de vendre votre voiture d'occasion en racontant une histoire que vous avez vécue avec elle qu'avec un argumentaire technique de 85 pages. Les découvertes en neurosciences n'en sont qu'à leur début. Tenez-vous informé de celles concernant votre métier.

Par où commencer ?

Qui sont les gens autour de vous avec les meilleures compétences émotionnelles ?

....

....

....

....

Que font-ils de différent ?

....

....

....

....

Pour aller plus loin : Daniel Goleman, *L'intelligence émotionnelle*, Robert Laffont, 1999

Sur le thème « Savoir décider », voir aussi les leçons 6, 32, 37 et 43.

Pourquoi est-il si difficile de citer un compositeur antérieur à Jean-Sébastien Bach ?

#coopération #partenariat

Avez-vous remarqué ? Il est bien difficile de citer un compositeur avant Bach, comme si la musique était née avec lui. C'est un peu vrai. Pour faciliter la vie des fabricants d'instruments, Bach a réinventé les règles de la musique. En faisant cela, il a involontairement envoyé ses prédécesseurs au placard.

La musique est un art, mais c'est aussi une science. Les notes sont des vibrations de l'air. Lorsqu'on fait vibrer une corde 440 fois par seconde, on obtient un *la*. Au sein de ce *la*, il y a une autre vibration plus petite, appelée harmonique, qui correspond au *mi*. Lorsqu'on joue un *la* et un *mi* ensemble, cela sonne juste ; normal, l'une est contenue dans l'autre. Malheureusement, la nature est mal faite : cela ne fonctionne pas avec toutes les notes. Certaines harmoniques sonnent légèrement faux. Depuis l'Antiquité, on résout le problème en utilisant des gammes au « tempérament inégal » : toutes les notes n'ont pas le même écart. C'est la raison pour laquelle les musiciens devaient réaccorder leurs instruments entre chaque morceau.

Jusqu'au XVIIIe siècle, les fabricants d'instruments n'étaient guère considérés (Antonio Stravari, dont le violon Stradivarius était utilisé dans tous les châteaux d'Europe, n'a jamais quitté son atelier de Cremone). Ils devaient se plier aux contraintes des musiciens qui leur commandaient des instruments faciles et rapides à réaccorder.

Jean-Sébastien Bach voit les choses autrement. Pour lui, la beauté d'un morceau vient de la qualité de la composition mais aussi de la sonorité de l'instrument. Il comprend le bénéfice qu'il y aurait à aider les fabricants. Pour leur simplifier la vie, il simplifie les règles. Il invente une gamme où les notes sont réparties équitablement. C'est la naissance de la gamme dite « tempérée ».

Pour les tenants de la tradition, la gamme tempérée est une folie. Toutes les notes sont fausses ! Jean-Sébastien Bach sait que son idée ne s'imposera pas facilement. Il écrit une pièce vantant les mérites de ce nouveau système. En 1744, *Le Clavier bien tempéré* est un groupe de 24 préludes et fugues utilisant la nouvelle gamme. Le public est conquis et la gamme tempérée s'installe progressivement. Les fabricants sont ravis. Elle permet la création de nouveaux instruments, à l'accordage figé comme l'orgue et la guitare.

Peu à peu, les anciens instruments ne sont plus fabriqués et disparaissent. Et avec eux, les compositeurs d'autrefois… puisque les instruments pour les jouer n'existent tout simplement plus !

Décryptage

La coopération est une nécessité en entreprise. Personne ne peut travailler seul. La performance de chacun dépend de la performance des autres. Début 2016, Microsoft a revu sa politique RH à l'occasion de son nouveau projet d'entreprise. L'entretien annuel a été remplacé par un feedback trimestriel. Les commerciaux ne sont plus seulement évalués sur le chiffre d'affaires généré, mais aussi sur « la fréquence à laquelle chacun répond favorablement aux sollicitations de ses pairs ». « Le changement de paradigme, c'est de mesurer l'impact global du collaborateur sur les autres », explique la DRH. Microsoft estime plus que jamais que l'entreprise a besoin de managers coopératifs.

Mais la coopération n'est pas facile. Notre réflexe premier est la compétition ; nous sommes éduqués ainsi depuis le plus jeune âge. Jean-Sébastien Bach a eu la clairvoyance de comprendre le rôle des fabricants d'instruments dans la beauté de ses compositions. Il a changé les règles de la musique pour leur simplifier la vie. Cela ne s'est pas fait sans heurts. Avec sa gamme tempérée, Bach s'est fait beaucoup d'ennemis parmi les musiciens. Pourquoi changer alors que cela marche ainsi depuis toujours ? Bach a fait le pari d'un progrès radical. Son succès a envoyé les musiciens antérieurs dans les oubliettes de l'histoire. Ce n'était pas son but. Mais c'est ce qui arrive parfois quand on rate le train du progrès…

Moralité

Pour réussir, aidez vos partenaires à réussir.

Quatre conseils pour favoriser la coopération entre équipes

1. Ne sous-estimez pas le coût de la coopération

Le professeur Morten Hansen de l'université de Californie a montré que la coopération n'est pas toujours la bonne solution. Le mode coopératif consomme plus d'énergie qu'un mode transactionnel. Il nécessite de tenir informé le partenaire et de prendre en compte son avis. La coopération génère de la complexité et la complexité est une charge. Observez par exemple la lourdeur des décisions au niveau des instances politiques internationales. Si vous choisissez la coopération, soyez lucide sur l'effort qu'elle demandera à vos équipes et vigilant sur les ressources nécessaires.

2. Assurez-vous que toutes les conditions sont remplies

Hansen raconte l'échec du projet Connect de Sony en 2003. Alors que l'entreprise japonaise disposait à la fois des compétences en électronique musicale (le walkman) et d'un catalogue d'artistes (Sony Music), elle a été incapable de sortir un concurrent à l'iPod d'Apple. En cause ? L'incapacité à faire coopérer les équipes. Hansen montre la sous-estimation de trois freins à la coopération : le syndrome insulaire, les différentes divisions de Sony se connaissant en fait très peu ; l'écart de statut, les ingénieurs considérant les producteurs musicaux comme des saltimbanques ; la culture héroïque, les Japonais et les Américains préférant chacun cacher leurs lacunes aux autres. Hansen pose trois conditions préalables à la coopération : s'assurer que les objectifs des uns et des autres vont bien dans le même sens ; permettre à chacun de disposer de temps pour coopérer ; valoriser le networking interne.

3. Travaillez sur les relations humaines plutôt que sur les processus

François Dupuy, sociologue, pointe la faillite des organisations. Il montre que les entreprises ont tendance à répondre à chaque nouveau problème par une nouvelle organisation et de nouveaux processus. « La multiplication des chefs de projet est une catastrophe majeure. On prend un brave type ou une brave fille et on lui dit "tu vas faire travailler ensemble des gens venant de services différents" et en général on ne lui donne aucun moyen pour le faire. Les dirigeants semblent croire qu'il suffit de donner le titre de chef pour qu'une personne le soit. » François Dupuy montre l'impossibilité d'appliquer tous les processus que l'entreprise s'évertue à produire : « Rien de tel qu'une grève du zèle pour bloquer une entreprise. » Il invite au contraire à miser sur l'intelligence humaine. On coopère mieux lorsqu'on se connaît. Bach a eu l'idée de la gamme tempérée car il connaissait personnellement des fabricants d'instruments. Pour favoriser la coopération, expliquez les finalités et installez la confiance entre les équipes. Créez l'opportunité de créer des liens personnels forts. Sortez du cadre professionnel pour permettre à chacun de se présenter d'une façon plus personnelle (team building). Identifiez dans les équipes ceux ou celles qui connaissent les deux univers que vous souhaitez faire coopérer, ils vous serviront de « passeurs ».

4. Transformez vos prestataires en partenaires

Avec vos prestataires internes et externes, posez des questions, ne donnez pas uniquement des ordres. Par exemple, si vous faites travailler un architecte sur votre projet de maison, demandez-lui ce qu'il attend de cette mission. Question incongrue ? Il vous expliquera peut-être que c'est l'occasion pour lui d'expérimenter telle ou telle nouvelle technique. De prestataire, il est devenu partenaire : il connaît votre but et vous connaissez le sien. Vous veillerez chacun à la réussite de l'autre. Votre projet en bénéficiera à coup sûr.

Par où commencer ?

Quels sont les partenaires internes ou externes qui contribuent le plus fortement à votre propre performance ?

....

....

....

....

Que pouvez-vous faire personnellement pour leur permettre d'atteindre leurs objectifs ?

....

....

....

....

Pour aller plus loin : Morten Hansen, *Collaboration: How Leaders Avoid the Traps, Build Common Ground, and Reap Big Results*, Harvard Business Review Press, 2009

Sur le thème « Renforcer la collaboration », voir aussi les leçons 27 et 48.

Pourquoi Ernest Shackleton est-il devenu un héros alors que son expédition fut un fiasco ?

#exemplarité #altruisme

1914. Ernest Shackleton entreprend l'expédition Endurance avec pour but de traverser l'Antarctique de part en part. Son expédition tournera au fiasco, mais elle changera sa vie.

Le début du XXe siècle est l'époque des grandes aventures polaires sur fond de concurrence entre pays. Après la conquête du pôle Sud en 1911 par le Norvégien Roald Amundsen, le Royaume-Uni se lance dans une grande expédition en Antarctique. Elle est dirigée par un explorateur expérimenté : Ernest Shackleton.

L'équipe compte vingt-huit hommes. Leur navire, *L'Endurance*, atteint l'Antarctique à l'hiver 1914. Rapidement, le navire se retrouve prisonnier des glaces. Isolés à des milliers de miles des terres habitées, sans aucune assistance alors que l'Europe est entrée en guerre, Shackleton et ses hommes survivent 22 mois dans des températures descendant jusqu'à –45 °C. En avril 1916, ils n'ont pratiquement plus de provisions, leur bateau est très endommagé, la situation semble désespérée. Shackleton doit se résoudre à abandonner définitivement son objectif de traverser l'Antarctique. Il s'en fixe un autre : ramener tous ses hommes vivants.

Shackleton laisse vingt-trois hommes sur l'Antarctique en leur promettant de revenir. Avec quatre équipiers, il prend un petit canot de sauvetage et s'en va lui-même chercher du secours en Géorgie du Sud où se trouve la station baleinière la plus proche. Il navigue pendant 1 500 km à travers les mers les plus dangereuses du globe avant de trouver l'île. Mais il l'accoste par le mauvais côté ! Avant de rejoindre la station baleinière, il lui faut donc traverser l'île, sans aucun équipement, en passant par des montagnes couvertes de neige et des glaciers. Après une semaine d'efforts, il parvient à rejoindre la station où il emprunte un bateau et va chercher ses équipiers. Tous furent sauvés.

Lorsqu'il rentre à Londres, Shackleton est accueilli en héros alors que son expédition a été un échec. Mais il a réalisé un exploit : sauver vingt-sept vies humaines. Il n'y a rien de plus grand. Shackleton le dit lui-même : « Je n'aurais jamais eu le courage de faire tout cela s'il s'était seulement agi de traverser l'Antarctique. » Les journalistes se précipitent sur les vingt-trois équipiers restés sur l'Antarctique et leur demandent comment ils ont tenus bon malgré le froid et la faim. « Nous savions qu'il allait revenir nous chercher. Nous n'avons jamais cessé d'y croire et nous

nous sommes battus. » En donnant l'exemple, Shackleton leur a sauvé la vie.

Décryptage

Philippe Carli, lorsqu'il dirigeait Siemens France, a accepté de partager son bureau avec sa collaboratrice pour réduire les coûts immobiliers. Le plan de réduction des coûts de l'entreprise allemande a été conduit sans heurt. Carlos Tavares, PDG du groupe PSA, est lui aussi l'artisan d'un retournement spectaculaire. En deux ans seulement, il a ramené l'entreprise aux bénéfices grâce à un plan drastique de réduction des coûts. Mais en mars 2016, on apprend qu'il a doublé son salaire. Sans surprise, le message ne passe pas. Comment exiger des efforts quand on ne se les applique pas à soi-même ?

Le dirigeant a des droits et des devoirs. Le devoir d'exemplarité est sans doute le plus fort de tous. Ce qui pouvait être acceptable lorsqu'on était simple salarié devient inacceptable devenu dirigeant. Un dirigeant doit faire preuve de vertu et montrer des valeurs morales tant dans sa vie professionnelle que personnelle. C'est parfois pesant (un PDG ne fraude pas dans le métro et s'assure que ses enfants non plus). Mais c'est une condition *sine qua non* pour réussir à engager ses collaborateurs.

Moralité

L'exemplarité est le meilleur moyen d'engager les équipes.

Le comportement d'Ernest Shackleton parle pour lui. S'il n'avait pas été aussi déterminé et exemplaire, ses coéquipiers se seraient sans doute laissés mourir. Il n'a pas eu besoin de prononcer un seul mot pour engager ses équipes. Le soin qu'il leur a porté a poussé chacun à faire de même.

Quatre conseils pour faire preuve d'exemplarité

1. Maîtrisez votre pouvoir

Une grande entreprise avait lancé une communication interne sur le respect des règles de sécurité. Elle déconseillait d'utiliser la moto pour les déplacements professionnels. Après quelques mois, ce message portait ses fruits, sauf dans une équipe qui continuait les entorses au règlement. Il se trouve que cette équipe était dirigée par un jeune manager qui venait tous les matins au travail à moto et la garait devant l'entrée de l'entreprise. Hasard ? Sûrement pas. Le jeune manager n'avait aucune volonté de nuire. Il venait à moto avant de devenir manager, il ne voyait pas de raison de changer après sa promotion. Erreur. La fonction de manager porte une charge émotionnelle et symbolique qu'il ne faut pas sous-estimer. En tant que manager, vous avez le pouvoir de changer les choses. Ce pouvoir vous engage, ne l'oubliez pas.

2. Soyez authentique

Nous sommes tous nourris par des images de leaders visionnaires et charismatiques. Qui n'a rêvé d'être Steve Jobs, capable de mobiliser les foules grâce à un speech inspirant ? Vous n'êtes pas Steve Jobs. Mais vous avez probablement d'autres qualités, que lui n'avait pas. C'est sur vos forces qu'il faut vous appuyer. La première étape pour développer votre leadership et votre exemplarité, c'est de vous connaître. Si vous deviez laisser une trace auprès de vos équipes, quelle serait-elle ? Que souhaitez-vous que les gens disent de vous ? En répondant à cette question, vous construirez un style de leadership personnel et authentique.

3. Soyez confiant dans l'avenir

Le leadership est un mélange d'ambition et de lucidité. Rares sont les leaders qui n'ont jamais échoué. Au début de sa carrière, Walt Disney s'est fait renvoyer par le rédacteur en chef d'un journal parce qu'il « manquait d'imagination et n'avait pas de bonnes idées ». Lors du premier test à l'écran de Fred Astaire, un dirigeant écrit : « Ne sait pas chanter, ne sait pas jouer, légère calvitie, danse un peu. » J.K. Rowling était une mère célibataire qui vivait de l'aide sociale lorsqu'elle a commencé à écrire le premier tome de *Harry Potter*. Ce qui a vraiment fait la différence, c'est que ces leaders ne se sont pas arrêtés à ces difficultés. Ils ont cru en eux, ils sont allés chercher du soutien, ils ont persisté et cela leur a réussi. Un leader optimiste rencontre plus facilement le succès.

4. Soyez humble et altruiste

Juhani Risku, un ancien cadre de Nokia, explique dans un livre les raisons de l'échec de l'entreprise sur le marché des smartphones : selon lui les dirigeants inspiraient une telle peur que personne n'osaient leur dire que ça n'allait pas. La vraie force des leaders est d'assumer pleinement leurs vulnérabilités. La *Harvard Business Review* montre que, contrairement à une image répandue, les meilleurs leaders se révèlent par leur humilité. Une étude menée en 2014 montre que lorsque les salariés voient leurs dirigeants se comporter de façon altruiste ou désintéressée, ils se sentent mieux intégrés à leurs équipes de travail. Trois attitudes caractérisent ces dirigeants : ils acceptent les critiques et reconnaissent leurs erreurs ; ils font preuve de courage et prennent des risques personnels pour défendre leur équipe ; ils responsabilisent les salariés et les aident à se perfectionner. Les leaders altruistes obtiennent plus de leur équipe. Ernest Shackleton en a fourni l'illustration.

Par où commencer ?

Qu'est-ce qui, dans votre comportement, inspire vos collaborateurs ?

....

....

....

....

Pour aller plus loin : Jeanine Prime et Elizabeth Salib, « The Best Leaders are Humble Leaders », *Harvard Business Review*, 5 novembre 2014

Sur le thème « Développer son leadership relationnel », voir aussi les leçons 2, 3, 35 et 52.

Comment Miles Davis a-t-il pu enregistrer un disque entier en deux jours seulement ?

#improvisation

Sorti en 1959, l'album Kind of Blue *de Miles Davis est souvent considéré comme le plus grand disque de jazz de tous les temps. Son enregistrement fut une aventure épique. Il faut dire que Miles Davis a joué un drôle de tour à ses musiciens…*

La vie de Miles Davis est un roman. Né à Saint Louis dans une famille de la bourgeoisie afro-américaine, il est initié à la trompette à l'âge de 13 ans. Il se produit très jeune et rejoint les orchestres de Dizzy Gillespie et Charlie Parker alors qu'il n'a même pas

20 ans. À 30 ans, alors qu'il semble au sommet de sa gloire, il sombre dans la drogue.

Miles Davis aime Paris et Paris le lui rend bien. En 1957, au sortir d'une cure de désintoxication, il se rend en France pour rejoindre son ancienne fiancée Juliette Greco. Louis Malle vient de finir le tournage d'*Ascenseur pour l'échafaud* et propose à Miles d'enregistrer la musique du film. Miles n'a aucune composition à proposer. Tant pis, il improvisera. On trouve un studio d'enregistrement dans lequel il est possible de projeter le film. Sur les images, l'actrice Jeanne Moreau marche dans les rues de Paris à la recherche de son amant. Miles Davis sort sa trompette de l'étui. En regardant les images qui défilent, il commence à jouer. On enregistre…

Miles Davis aime l'improvisation. De nombreux musiciens s'inspirent de sa manière de se laisser guider par l'instant, de vivre pleinement sa musique, travaillant chaque note comme si c'était la dernière. Tandis que d'autres font la démonstration de leur vélocité en montant et descendant les gammes à toute vitesse, Miles Davis invente une musique qui respire.

Il rentre aux États-Unis. La drogue est maintenant derrière lui. Son envie de vivre est énorme. Il veut profiter de chaque moment. Il réunit ses amis pour une session d'enregistrement. Le studio est réservé pour le 2 mars 1959. Autour de lui : les saxophonistes John Coltrane et Cannonball Adderley, le pianiste Bill Evans, le batteur Jimmy Cobb et le contrebassiste Paul Chambers. « Que va-t-on jouer ? », demandent-ils. « Vous le saurez bien assez tôt », répond Miles. Il a composé cinq titres, mais n'en dévoile rien.

Le 2 mars au matin, Miles Davis distribue les partitions. Les musiciens découvrent les morceaux et comprennent qu'ils n'auront pas d'autre choix, après avoir joué le thème, que d'improviser la suite du morceau. Ils réalisent aussi que le studio n'a été réservé que pour deux jours. « Nous n'aurons jamais le temps d'enregistrer cinq morceaux en deux jours ! » « Bien sûr que si, répond Miles, car il n'y aura qu'une seule prise. » Ainsi est né l'album *Kind of Blue*. Ce jour-là, les six musiciens ont donné le meilleur d'eux-mêmes. Sans doute parce qu'ils n'avaient pas le choix…

Décryptage

« L'improvisation fait du bien au cerveau ». La revue *Psychology of Music* montre que les étudiants en piano les moins stressés sont ceux qui improvisent sur scène. Elle explique également ce qui rend l'improvisation difficile. D'abord, notre éducation ne nous y prépare pas. En Europe, l'éducation musicale commence toujours par le solfège. Savoir lire la musique est très utile pour jouer la musique… des autres. Mais pas pour jouer sa propre musique ! Ensuite, l'improvisation fait appel à une autre zone du cerveau que l'interprétation. L'interprétation sollicite la zone cérébrale de la lecture, l'improvisation celle du langage. D'un point de vue neurologique, exécuter et improviser sont donc deux choses très différentes. À force de trop faire l'un, on aura du mal à faire l'autre. Si vous exigez de vos collaborateurs qu'ils exécutent vos ordres sans discuter, n'espérez pas qu'ils se mettent à improviser…

L'environnement des entreprises est aujourd'hui de plus en plus complexe et incertain. Bien souvent, la planification est inutile car les choses ne se passent jamais comme prévu. Les managers doivent faire preuve d'agilité. En contexte de crise, s'adapter en temps

Moralité

Improviser ne s'improvise pas.

réel et rebondir sur les circonstances apparaît comme une condition essentielle de réussite, voire de survie. Les jazzmen sont une source d'inspiration. Comme Miles Davis, ceux qui sont passés maîtres dans cet art l'ont travaillé en profondeur.

Quatre conseils pour improviser

1. Déconstruisez la « musique » de votre entreprise

Le jazz n'est pas le chaos. C'est un style de musique au contraire très structuré. Les morceaux sont généralement composés de douze mesures répétées en boucle. Les harmonies répondent à des logiques bien connues des jazzmen. Ils commencent leur apprentissage de l'improvisation par une maîtrise parfaite des gammes. La musique est l'assemblage d'une mélodie, d'une structure harmonique et d'un rythme. Les jazzmen détournent les trois, tout en gardant la représentation mentale de leur point de départ. De même pour un manager qui doit improviser face à une situation inattendue, par exemple l'absence inopinée d'un collaborateur. Il réorganisera son équipe en gardant en tête les contraintes réglementaires et opérationnelles.

2. Lâchez prise

En 1977, la Nasa cherchait à recruter des astronautes à envoyer dans l'espace. Il fallait qu'ils s'entendent bien entre eux et qu'ils résistent au stress. Pour les sélectionner, le psychologue Taibi Kahler a développé un outil d'analyse très utile : les « messages contraignants ». Ces messages, que nous enregistrons dès notre petite enfance au travers de notre éducation, sont au nombre de cinq : sois fort ; sois parfait ; dépêche-toi ; fais des efforts ; fais plaisir. Ils régissent nos comportements malgré nous et parfois aux dépends de ce qui est bon pour nous. Débarrassez-vous de ces poids qui vous emprisonnent ! Lors de la présentation des rapports de fin d'étude, une business school canadienne demande à ses étudiants de monter sur scène en caleçon. Une bonne façon de les forcer à aller au-delà de leurs messages contraignants, à ne pas trop se prendre au sérieux et à lâcher prise.

3. Vivez intensément le moment présent

Inspirez-vous des astronautes d'*Apollo 13*. Lorsque les épurateurs de dioxyde de carbone ont explosé, ils ont vite compris que les procédures de secours ne seraient d'aucune utilité. C'est leur capacité d'improvisation qui a permis leur retour sur Terre. Acceptez le monde tel qu'il est. Miles Davies n'a pas laissé le choix à ses musiciens. En leur donnant leurs partitions au dernier moment et en leur disant qu'il n'y aurait qu'une seul prise, il les a obligés à vivre pleinement l'instant. Pourquoi s'inquiéter de ce qu'on vient de jouer puisqu'on n'y touchera plus ? Pourquoi s'inquiéter des prochains accords vu que personne ne les connaît ? Être ici et maintenant est un défi dans nos vies bien remplies. Pourtant, si votre entreprise fait face à un accident industriel, une panne majeure ou même la démission d'un dirigeant, savoir réagir vite et juste sera une compétence majeure.

4. Improvisez régulièrement

Et si vous organisiez des séances d'improvisation ? Rien de plus facile ! Il vous suffit de casser les routines établies. Par exemple, décidez que la prochaine réunion hebdomadaire se tiendra en une demi-heure plutôt qu'en une heure et demie. Demandez à un nouveau collaborateur de s'y joindre exceptionnellement. Et changez le plan de table ! Plus les équipes sont entraînées à improviser, meilleurs sont leurs réflexes en cas d'imprévu.

Les équipes qui ont l'habitude de gérer des microchangements au quotidien restent toujours en alerte et réagissent mieux en situation d'improvisation.

Par où commencer ?

À quoi me servirait l'improvisation ?

....

....

....

....

Comment puis-je m'y entraîner ?

....

....

....

....

Pour aller plus loin : Taibi Kahler, *The Mastery of Management*, Kahler Communications, 2006

Sur le thème « Renforcer son efficacité personnelle », voir aussi les leçons 1, 23, 24, 47 et 49.

Pourquoi la conférence de rédaction du journal *Le Monde* se tient-elle debout ?

#rituel #symbole #AccompagnementDuChangement

Dans le monde du journalisme, la conférence de rédaction quotidienne est un rituel bien connu. Au journal Le Monde, *c'est même devenu un culte. Depuis la création du journal en 1944, elle a lieu à 8 h 15 précises. Tous les rédacteurs se tiennent debout en arc de cercle autour du patron. Et il y a une bonne raison à cela.*

Avant-guerre, *Le Temps* est le journal de référence pour l'élite française. Très proche du pouvoir, notamment du Quai d'Orsay, il tire à 30 000 exemplaires. L'information est jugée sérieuse, de qualité, parfois un peu austère. Politiquement, *Le Temps* est situé au centre gauche.

À la fin des années 1930, *Le Temps* accompagne les évolutions politiques du pouvoir en place. En 1938, le journal avalise le rattachement de la Tchécoslovaquie à l'Allemagne d'Hitler. Fou de rage, le correspondant sur place, un certain Hubert Beuve-Méry, donne sa démission. *Le Temps* continue d'être publié pendant l'avancée allemande, se faisant la voix du gouvernement de Pétain. Il est finalement liquidé en 1942.

Après-guerre, Hubert Beuve-Méry est chargé de construire un nouveau journal, *Le Monde*. Naturellement, il puise dans son expérience au *Temps*. Il récupère les locaux laissés par le journal au 5, rue des Italiens. Il recrute les employés et les journalistes parmi les anciens du *Temps*. Pour faire des économies et ne pas avoir à changer les rotatives, il reprend le même format, la même présentation et la même typographie. Bref, entre le journal collabo de 1942 et celui de 1944, à part le titre, qu'est-ce qui a vraiment changé ?

Hubert Beuve-Méry est bien conscient du risque d'amalgame. D'ailleurs, parmi les journalistes, les vieilles habitudes reviennent vite ; le journal s'est toujours construit à l'ombre du pouvoir et les réseaux sont réactivés dans les ministères. Beuve-Méry lutte pour marquer la différence entre le monde et le temps. Il déménage son bureau dans une autre aile du bâtiment et change les aménagements intérieurs. Et il modifie la conférence de rédaction. Désormais, fait unique dans la profession, elle se tiendra debout. Beuve-Méry explique que cela fera gagner du temps. L'argument est peu crédible vu que ses horaires restent inchangés. Les journalistes comprennent le message derrière le symbole : il faut travailler différemment pour faire un journal différent.

En moins de deux ans, Beuve-Méry fait taire toutes les rumeurs. La réputation du journal *Le Monde* s'installe durablement chez les lecteurs de la presse française.

Décryptage

Notre monde est en changement permanent. L'armée américaine utilise un mot pour le décrire. Elle dit que le monde est « VICA » : volatile (ce qui est vrai aujourd'hui pourra être faux demain), incertain (on ne sait pas dans quelle direction va le monde), complexe (les événements sont imprévisibles), ambigu (les alliés d'un jour pourront être les opposants du lendemain). C'est un défi pour les managers qui doivent accompagner un changement qui les dépasse.

Pour faire passer leur message, les managers disposent de plus d'outils qu'ils ne le croient souvent. Le management s'incarne par des faits et des gestes. Un manager dispose de symboles et d'attributs du pouvoir. Hubert Beuve-Méry nous en donne une illustration. Pour faire comprendre la différence entre *Le Temps* et *Le Monde*, il n'a changé ni l'organisation de l'entreprise ni les hommes qui la composent. Subtilement, il a choisi des actes symboliques : déménager son bureau et modifier les rituels managériaux. Si vous souhaitez que votre équipe renforce son orientation résultat, renommez votre réunion hebdomadaire « revue de performance ». Même si vous ne changez rien d'autre, le résultat sera immédiat. Le changement s'incarne par des petites choses qui le rendent visible et lui donne du sens.

Moralité

Pour accompagner le changement, rendez-le visible.

Quatre conseils pour accompagner vos équipes dans un monde qui change

1. Prenez de la hauteur

En 2050, le monde comptera 10 milliards d'habitants. La Chine et l'Inde seront respectivement la première et la troisième économie mondiale. D'ici 2025, les imprimantes 3D produiront des blocs à bas prix qui serviront à assembler des maisons comme des Lego. Grâce aux appareils qui renifleront notre haleine et au séquençage gratuit de l'ADN, les diagnostics précoces seront monnaie courante. La médecine génétique personnalisée préviendra les maladies. Ces prédictions ne sont pas faites par des illuminés mais par les chercheurs des universités de Harvard et de New York. Le monde change ; votre environnement change ; vous changez. En prenant de la hauteur sur vous-même et en aidant vos collaborateurs à en prendre, vous dédramatiserez la situation et leur éviterez de la subir.

2. Donnez du sens au changement

La Poste est en train de devenir le premier incubateur de start-up de France. Le chiffre d'affaires du courrier baisse de 5 % par an. L'entreprise doit s'adapter à toute vitesse, c'est une question de survie. Chaque année, elle sélectionne trois à cinq projets de salariés qui constitueront des relais de croissance pour le groupe. En 2016, elle lance ainsi un service de conciergerie, un système de garde pour animaux ou encore une prestation permettant aux touristes étrangers de se faire livrer leurs emplettes chez eux à leur retour. Étonnant pour une entreprise qui n'a pris le statut de société anonyme qu'en 2010 ! Pour conduire un tel changement, la direction communique autant sur les chantiers en cours que sur les invariants, ses valeurs et sa mission. « Présente pour tous, partout et tous les jours, La Poste accompagne ses clients pour leur simplifier l'avenir. » Les nouveaux services de La Poste ne sont qu'une nouvelle façon de réaliser sa mission. Pour donner du sens au changement, dites à vos collaborateurs ce qui change, mais aussi ce qui ne change pas.

3. Accueillez et gérez les émotions

Il y a vingt ans, le sociologue Edgard Morin montrait que les émotions sont la réponse primitive de l'organisme à un changement (si la forêt prend feu, la peur génère la fuite). Les managers sont rarement à l'aise avec les émotions. L'entreprise aime l'ordre, or les émotions sont incontrôlables. Elles apportent une part d'irrationnel qui nuit à la prise de décision. Enfin, les managers n'ont généralement pas appris à les gérer. C'est désormais une compétence indispensable. Pour commencer, apprenez à repérer les émotions chez vous-même et chez les autres. Forcez-vous à mettre des mots dessus : « Ce qui me fait peur dans cette réorganisation, c'est que… » Pour accompagner le changement, au-delà des éléments rationnels, vous devez savoir jouer avec les émotions. Hubert Beuve-Méry l'avait bien compris.

4. Mobilisez l'intelligence collective

Gary Hamel est professeur à la London Business School. Dans un article de 2014, il montre que la majorité des grandes entreprises sont nées au XXe siècle et qu'elles se sont organisées autour de l'objectif de « produire » : des chefs, des processus, de la discipline. Ce modèle traditionnel est souvent inapte au changement.

Il génère trois erreurs : attendre l'impulsion du top management (les dirigeants sont déconnectés de la réalité et réagissent souvent trop peu et trop tard) ; déployer le changement du haut vers le bas, comme si les salariés attendaient encore qu'on leur dise ce qu'ils ont à faire ; planifier le changement. Le changement n'est plus linéaire, ce n'est pas le passage d'un point A à un point B mais une transformation vers l'inconnu. Le modèle « *unfreeze-change-freeze* » ne fonctionne plus, le changement est organique et continu. Pour Gary Hamel, les dirigeants ne doivent plus porter le changement, mais créer un environnement lui permettant d'émerger. En tant que manager, votre rôle est d'inspirer, de libérer la créativité et d'aider vos équipes à réussir dans leur nouvel environnement.

Par où commencer ?

Quelle est la mission de votre entreprise ?

....

....

....

....

Qu'est-ce qui change, et qu'est-ce qui ne change pas ?

....

....

....

....

Pour aller plus loin : Gary Hamel et Michele Zanini, *Build a change platform, not a change program*, McKinsey, 2014

Sur le thème « S'adapter à un monde en transformation », voir aussi les leçons 33 et 50.

Comment Beethoven s'est-il retrouvé malgré lui le promoteur d'une marque de piano ?

#développement #ventes

Il existait au XVIIIe siècle de nombreux fabricants de piano : Pleyel, Erard, Cristofori, Silbermann, Broadwood, etc. Seul ce dernier, basé à Londres, existe encore aujourd'hui. Tous les autres ont fait faillite ou ont été rachetés. D'où vient le succès de Broadwood ? D'avoir utilisé un illustre client, Beethoven, pour doper ses ventes.

Dans l'histoire de la musique, l'arrivée du piano forte – le nom fut ensuite raccourci en « piano » – est une véritable révolution. Avant lui, les amateurs de musique devaient se rendre au concert pour écouter de la musique. Les salles de concert étaient peu nombreuses, il n'y en avait que dans les grandes villes. Même si quelques orchestres de chambre donnaient des concerts en province, la musique restait un art peu accessible au commun des mortels.

Au XVIIIe siècle, le piano change la donne. Il devient possible d'avoir un orchestre chez soi ! Chaque doigt jouant d'une note différente, le piano offre des mélodies et des harmonies complexes qui n'ont plus grand-chose à envier aux orchestres. Les transpositions pour piano des partitions d'orchestre se multiplient. Des fabricants de piano apparaissent aux quatre coins de l'Europe.

En Angleterre, John Broadwood fabrique son premier piano en 1781. À sa mort, son fils Thomas reprend l'affaire et la fait fructifier. Doué pour le business, il est à la recherche permanente d'innovation permettant à ses pianos de se distinguer de la concurrence. À l'époque, les pianos ne comprenaient que cinq octaves. Thomas Broadwood en ajoute un sixième. Et réalise un coup de génie.

En 1818, il décide d'offrir un piano de six octaves à Ludwig van Beethoven qui est alors le compositeur le plus célèbre d'Europe. Beethoven accepte ce cadeau avec plaisir. Il commence à composer dessus et découvre le bonheur de jouer sur six octaves. L'octave supplémentaire lui permet de développer des sonorités plus vastes et des mélodies inédites. Les commandes de piano Broadwood affluent maintenant de toute l'Europe : tous ceux qui veulent jouer les dernières compositions du maître Beethoven ont besoin d'un piano à six octaves, que Broadwood est le seul à fabriquer !

Broadwood & Sons est aujourd'hui le plus ancien fabricant de piano au monde. De Haydn à Chopin en passant par Beethoven et Liszt, de nombreux musiciens célèbres ont composé sur ses pianos. Et cela a construit une renommée qui ne s'est jamais démentie.

Décryptage

Quelle que soit sa fonction, un dirigeant est toujours un commercial. On attend de lui qu'il « vende » son entreprise. Dan Pink est un ancien conseiller de Bill Clinton. En 2013, son livre *To sell is human* est devenu un best-seller. Il y montre que 10 % seulement des salariés occupent un emploi de vendeur… mais que les 90 % restants le sont aussi ! Que l'on soit chef comptable ou directeur d'usine, nous avons toujours besoin de demander quelque chose à quelqu'un en échange d'autre chose. En entreprise, cela mobilise 30 à 40 % de notre temps. Souvent la monnaie d'échange n'est pas l'argent mais le temps ou le soutien. Même si on ne parle pas de « vente », la démarche est identique.

Pour un manager, maîtriser les règles de base de la vente et du marketing est indispensable. Le métier de vendeur ne jouit pas d'une bonne image. C'est en grande partie injustifié. Vendeur est un métier très humain. La remise en question doit être permanente, l'énergie personnelle sans cesse renouvelée. Nous avons tous beaucoup à apprendre des commerciaux.

Aucun entrepreneur ne pourra développer son entreprise sans investir dans la vente. Thomas Broadwood nous en donne une belle illustration. Son histoire nous montre également que le succès d'une entreprise vient du succès de ses clients. « La meilleure des publicités est un client satisfait », disait Bill Gates.

Moralité

Pour réussir, faites réussir vos clients.

Quatre conseils pour doper vos ventes

1. Ayez une connaissance approfondie de votre marché

Egon Zehnder est un cabinet de chasseur de têtes spécialisé dans les dirigeants. Pour recruter ces perles rares, le cabinet les évalue selon huit critères. L'un d'entre eux est la compréhension du marché. Seul un cadre comprenant le secteur d'activité dans lequel il évolue pourra faire un bon dirigeant. Consacrez du temps à comprendre qui sont vos concurrents, vos clients et la façon dont leurs attentes évoluent. Jacques Aschenbroich, PDG de Valeo, a réorienté son entreprise d'équipement automobile vers les dispositifs de conduite autonome et de lutte anti-pollution après un rendez-vous chez Renault, son principal client. Ce choix lui a permis de doubler son chiffre d'affaires. Pour comprendre votre marché, lisez la presse professionnelle, faites faire des études et ne négligez aucune occasion de parler avec un client.

2. Ne vendez pas des produits… mais des solutions

En 1925, Henry Ford commande une dynamo pour l'une de ses usines. Celle-ci refuse de fonctionner malgré les efforts de ses techniciens. Il appelle John Von Neumann, brillant physicien. Arrivé sur place, celui-ci réalise un schéma de la dynamo et trace un trait : « Coupez-la à cet endroit et elle fonctionnera à nouveau. » Les techniciens s'exécutent et la dynamo se met à fonctionner. Ford demande à Von Neumann combien il lui doit. « 5 000 dollars, répond celui-ci, 1 dollar pour le trait de crayon et 4 999 dollars pour savoir où le tracer. » Apporter une solution à un client a une grande valeur. Les grandes entreprises l'ont bien compris : elles cherchent à vendre des solutions plus que des produits. L'Oréal vend de la beauté plutôt que des fards à paupières. PSA annonce début 2016 son plan Push to Pass : « Nous passons de la vente de voiture à la vente de mobilité. » Le constructeur va concurrencer Speedy avec des garages multimarques, Le Bon Coin avec une plateforme en ligne de vente de véhicules d'occasion, ou même Drivy avec des solutions d'autopartage. Inspirez-vous en : au-delà des produits que vous vendez, identifiez le problème de votre client, la manière dont votre produit lui apporte une solution et comment vous pourriez renforcer sa valeur.

3. Concentrez-vous sur vos clients actuels

On a parfois tendance à rechercher le développement auprès de nouveaux clients. Ce serait oublier qu'il coûte cinq fois plus cher de recruter un nouveau client que d'en fidéliser un actuel ! La qualité de service est votre premier levier de développement. Délivrez un service de qualité, rendez-vous indispensable auprès de vos clients, concentrez-vous sur ce qui fait votre valeur ajoutée. Un client satisfait en parle à deux ; un client insatisfait en parle à dix. Rendez vos clients « redevables », utilisez-les pour recruter de nouveaux clients. Selon une étude de l'université du Michigan, une augmentation de 5 % de la fidélité des clients fait progresser les profits de 50 % en moyenne.

4. Ne perdez pas une occasion de parler de votre entreprise

En tant que manager, vous incarnez votre entreprise. N'hésitez pas à promouvoir votre entreprise et ses produits à toutes les occasions, y compris dans votre vie personnelle. Si votre cercle d'amis et de famille compte 200 personnes, ce sont autant de personnes qui se font une opinion sur votre entreprise à travers vous. Maîtrisez l'art du pitch. Apprenez à présenter votre entreprise en

30 secondes. Le plus difficile est de capter l'attention de l'auditoire. Saisissez le moment opportun. Et soyez bref. L'agence de publicité Saatchi & Saatchi a imaginé le « *one word pitch* » : s'il fallait décrire votre entreprise avec un seul mot, lequel choisiriez-vous ?

Par où commencer ?

Étant donné votre fonction, qu'avez-vous à vendre ?

....

....

....

....

Comment convaincre ?

....

....

....

....

Pour aller plus loin : Dan Pink, *Vous êtes vendeur, le saviez-vous ? L'étonnante vérité sur notre capacité d'influence*, Pearson, 2013

Sur le thème « Développer son activité », voir aussi les leçons 31, 36 et 40.

Pourquoi le cuisinier Alain Ducasse est-il si peu présent dans ses restaurants ?

#délégation #ManagementàDistance #empowerment

http://bit.ly/2co7oV9

Le groupe Alain Ducasse est un véritable empire d'hôtellerie-restauration international : deux hôtels-restaurants à Paris, trois aux États-Unis, autant au Japon, un restaurant à Doha, un autre à Saint-Pétersbourg… Alain Ducasse applique une recette qu'il a apprise un peu malgré lui.

Nous sommes en 1984. Alain Ducasse vit à cent à l'heure. Issu d'une famille modeste, il a gravit quatre à quatre les échelons de la haute cuisine. Il a travaillé dans les plus grands restaurants français… et n'y est jamais resté plus de deux ans. Son ambition dévorante et son travail acharné portent leurs fruits. À seulement

27 ans, il vient d'obtenir sa deuxième étoile au Guide Michelin. Mais soudain, sa vie bascule.

Le petit avion qui le transporte de Juan-les-Pins à Courchevel s'écrase dans les Alpes. Des cinq passagers, Alain Ducasse est le seul rescapé. Sa convalescence dure quatre ans. Quatre années pendant lesquelles il reste éloigné des cuisines. Étonnamment, cet événement est à l'origine de son succès mondial.

Alain Ducasse doit apprendre à travailler autrement, à déléguer. La cuisine et le service en salle de son restaurant sont dirigés par son adjoint. Alors qu'Alain Ducasse était réputé pour ses colères, son adjoint se révèle être un excellent manager. Les équipes, plus motivées que jamais, obtiennent d'excellents résultats. Alain Ducasse se concentre sur autre chose. Il conçoit de nouvelles recettes et se découvre un nouveau talent : chef d'entreprise. En 1987, il monte le restaurant *Louis XIV* à Monte-Carlo, où il obtiendra trois ans plus tard sa troisième étoile. C'est le début du groupe Alain Ducasse.

Le groupe Alain Ducasse est aujourd'hui implanté dans dix pays : Japon, États-Unis, Liban, Tunisie, Chine, etc. Alain Ducasse est rarement propriétaire de ses restaurants. Son métier consiste à donner des conseils pour le choix de la carte, à recruter et former le personnel en cuisine et en salle, à sélectionner le chef cuisinier. Quant à la conduite du restaurant, elle est entièrement déléguée au chef d'établissement.

Décryptage

Un rapport remis en 2012 au ministre de l'Économie estimait à 13 % la proportion des télétravailleurs salariés en France. Ce chiffre pourrait passer à 25 % d'ici 2025. C'est d'ailleurs le souhait des auteurs du rapport qui montrent que le télétravail augmente la productivité de 22 %, améliore la qualité de vie des salariés et leur permet d'économiser une heure et demie par jour (dont 45 minutes de sommeil supplémentaire). Le principal frein au développement du travail à distance : dans 92 % des cas, les réticences des managers !

On peut les comprendre. Un manager est responsable des résultats. Il a parfois envie de tout contrôler… voire de faire lui-même ! Alain Ducasse nous montre que c'est une erreur. Un manager doit se concentrer sur les tâches où sa valeur ajoutée est la plus forte et mettre ses collaborateurs en responsabilité sur les autres. Un manager doit savoir déléguer. Paradoxalement, c'est parce que sa convalescence l'a tenu éloigné de son équipe qu'Alain Ducasse a rencontré le succès.

Avec l'internationalisation des entreprises, la mise en place d'organisation matricielle et le nomadisme, tous les métiers sont potentiellement concernés par le management à distance : les ingénieurs gèrent des projets dans différents pays, les chefs de produits collaborent avec un $n + 1$ basé dans une capitale lointaine, etc. Emmanuelle Léon, professeur à l'ESCP Europe, rappelle que le management à distance était déjà pratiqué par l'Empire romain. Aujourd'hui, la téléphonie et l'informatique nous facilitent la tâche. Mais le principe de la délégation de pouvoir reste le même.

Moralité

Quelle que soit la distance avec vos collaborateurs, concentrez-vous sur votre valeur ajoutée.

Quatre conseils pour manager une équipe à distance

1. Utilisez les outils de communication moderne

On rencontre souvent en entreprise des managers qui ne disposent que d'outils téléphoniques dépassés, ou des réseaux informatiques qui ne permettent pas d'envoyer des pièces jointes volumineuses. Traitez ces problèmes techniques avant qu'ils deviennent des irritants. L'e-mail apparaît comme un outil en or pour abolir la distance. Mais il a aussi des limites. Utilisez plutôt les outils collaboratifs. Pour les mettre en place, procédez en quatre étapes. Vérifiez la maturité digitale de vos équipes, identifiez les freins à la coopération, accompagnez les premières semaines de mise en place, mettez en place une hotline. À condition d'être mise en place avec soin, la technologie apporte une grande aide au management à distance.

2. Cadrez la relation hiérarchique

L'éloignement complique le suivi et le contrôle. L'une des pratiques les plus répandues est le rendez-vous téléphonique hebdomadaire. Il permet de faire le point sur l'activité et de passer les principales informations. Plus que les autres, la relation managériale à distance doit être ritualisée. Soignez la fixation des objectifs. Fixer des objectifs de résultats… mais aussi des objectifs de moyens permettant de mettre votre collaborateur dans le jeu collectif. « J'attends de toi d'être disponible pour tes collègues qui auraient besoin d'aide. » Enfin, le télétravail nécessite beaucoup de rigueur. Choisissez des collaborateurs qui sauront structurer efficacement leur temps de travail. Et soyez vous-même exemplaire : respectez les horaires des rendez-vous téléphoniques que vous avez fixés ! Le management à distance impose plus de règles que le management de proximité.

3. Créez des moments informels et physiques

En 2013, Merissa Mayer, PDG de Yahoo, a demandé aux salariés en télétravail de revenir travailler au siège afin de « ressentir l'énergie et l'excitation du travail en équipe ». Selon elle, l'absence de liens informels réduit l'innovation et entraîne une baisse du sentiment d'appartenance. Parmi les entreprises du CAC 40, la part des effectifs situés hors d'Europe a augmenté de 14 % entre 2008 et 2014 : + 74 % chez PSA, + 71 % chez Airbus, + 66 % chez Axa, etc. Comment assurer le maintien d'une culture d'entreprise dans ces conditions ? Comment faire en sorte qu'un chef de ligne d'une usine Citroën en Chine ait un sentiment d'appartenance au groupe PSA ? La vie d'une entreprise passe par le maintien de liens sociaux forts, et cela est particulièrement vrai pour les équipes dispersées. Imposez un nombre minimum de rencontres physiques (pas moins d'une fois par an !). Soyez particulièrement vigilant aux signaux faibles de collaborateurs qui pourraient se sentir mis à l'écart. Et mettez en place des challenges d'équipe qui seront l'occasion de renforcer les liens.

4. Renforcez vos compétences de management

Le management d'une équipe dispersée ne peut pas se concevoir de la même façon que la gestion d'une équipe dont les collaborateurs se côtoient au quotidien. C'est un management beaucoup plus exigeant. Certaines entreprises imposent une première expérience de management avant de prendre la direction d'une équipe dispersée. Trois fondamentaux du management doivent être respectés absolument : premièrement, le feedback : comme en présentiel, c'est la meilleure façon d'accompagner. À distance, ne ratez pas une occasion de faire un feedback. Deuxièmement, l'*empowerment* : ne cherchez pas à tout contrôler, déléguez et accordez votre confiance car à distance l'autonomie est la règle. Troisièmement, la disponibilité : soyez particulièrement à l'écoute. Votre collaborateur ne peut plus vous retrouver à la machine à café, permettez-lui de vous appeler sur un coup de tête, même pour des choses mineures à vos yeux qui ne le sont peut-être pas pour lui.

Par où commencer ?

Comment adapteriez-vous votre style de management à une équipe dispersée ?

....

....

....

....

Pour aller plus loin : Olivier Brun et Cécilia Durieu, *Le télétravail dans les grandes entreprises françaises*, synthèse remise au ministre chargé de l'Industrie, de l'Énergie et de l'Économie numérique, 2012

Sur le thème « Animer un collectif », voir aussi les leçons 5, 26 et 46.

Comment un banquier, Muhammad Yunus, est-il devenu prix Nobel de la paix ?

#storytelling #PriseDeParole #communication

http://bit.ly/2d3OVxJ

En 2006, Muhammad Yunus reçoit une reconnaissance rare. Pour la première fois, un chef d'entreprise est récompensé par un prix Nobel de la paix. Yunus est le fondateur de la plus grande banque de microcrédit, la Grameen bank, au Bangladesh. S'il n'a pas inventé la microfinance, il est celui qui a réussi à lui donner une dimension planétaire. Comment a-t-il fait ?

Muhammad Yunus grandit au Bangladesh. Il fait ses études aux Etats-Unis, puis revient dans son pays où il travaille comme professeur d'économie. En 1977, la famine touche le pays de plein fouet. Il fonde la Grameen Bank (« banque du village ») pour venir en aide aux paysans. La Grameen Bank applique le principe de la microfinance. La microfinance a été inventée au XIXe siècle en Europe. L'idée est à l'origine du Crédit Mutuel en France ou des banques coopératives Raiffensen en Allemagne : prêter de petites sommes à ceux qui en ont vraiment besoin. La force de Yunus a été de transformer cette idée pour lui donner une ampleur inégalée grâce au soutien des institutions internationales.

Lorsqu'il présente son idée à ses interlocuteurs, Muhammad Yunus commence toujours par raconter l'histoire de sa rencontre avec Sufya. Sufya vit dans un bidonville au Bangladesh. Tous les matins, elle se lève, elle fabrique un tabouret, elle va au marché, elle vend son tabouret et, avec l'argent de sa vente, elle achète de quoi nourrir sa famille jusqu'au lendemain. Yunus lui demande ce qu'il peut faire pour elle.

Sufya explique à Yunus que si elle avait un peu d'argent de côté, elle achèterait suffisamment de bambou pour fabriquer plusieurs tabourets, et non un seul. Elle n'aurait plus besoin d'aller au marché chaque jour. Elle économiserait le temps de transport. Elle serait moins à la merci d'une maladie qui l'empêcherait de travailler. Le professeur Yunus comprend que Sufya manque de « trésorerie » et que cela l'oblige à vivre au jour le jour. Il prend conscience qu'il suffit de 2 dollars pour sortir Sufya et sa famille de la misère. Il va voir le banquier local et lui demande s'il peut prêter 2 dollars à Sufya. Mais celui-ci refuse, arguant que Sufya ne peut fournir aucune garantie. « Quelle injustice ! », pense Yunus.

En colère, Yunus décide de se substituer au banquier. Il fonde sa propre banque, la Grameen Bank. Trente ans plus tard, le taux de remboursement des emprunts atteint 98 % (de quoi rendre le banquier local jaloux). Surtout, la Grameen Bank a permis à 50 millions de personnes de sortir de la pauvreté.

Décryptage

La communication est au cœur des enjeux des managers qui doivent souvent faire passer des messages à leurs équipes, à leurs chefs, à leurs partenaires. Mais la communication est un art difficile.

Yunus est animé d'une conviction forte : les banques doivent être au service du plus grand nombre. La difficulté pour Yunus était de convaincre ses interlocuteurs, notamment les institutions internationales (Banque mondiale, FMI, etc.), de la pertinence de son modèle. En racontant l'histoire de Sufya, Yunus explique simplement la microfinance. Ce qui pourrait être un sujet technique devient abordable et passionnant. Mieux, Yunus donne envie de s'engager à ses côtés. C'est la force du storytelling.

Notre cerveau est ainsi fait qu'il retient facilement les histoires. En jouant sur les émotions, raconter une histoire permet de capter l'attention et de faire passer un message. Des ouvrages aussi différents que *Les Mille et une nuits*, la Bible et les *Fables* de La Fontaine utilisent ce principe depuis des siècles.

Moralité

Pour communiquer avec impact, racontez des histoires.

Quatre conseils pour communiquer avec impact

1. Soyez authentique

Noémie Mermet est étudiante à l'université d'Auvergne. En 2014, elle a remporté le concours international « Ma thèse en 180 secondes » consistant à expliquer sa thèse en 3 minutes. Son sujet : « L'implication des récepteurs 5-HT2A dans la modulation des interneurones PKC gamma dans un contexte d'allodynie ». Autant dire qu'elle partait avec un sérieux handicap ! Son conseil ? « Rester vous-même ! Parlez avec vos propres mots ! » Pour incarner votre message, dites « je » plutôt que « nous ». Si vous manquez d'authenticité, votre auditoire le remarquera immédiatement. Ne faites pas semblant d'être ce que vous n'êtes pas.

2. Soyez bienveillant

Communiquer, c'est entrer en contact avec un auditoire. Vous êtes l'émetteur du message, il ne passe qu'à la condition qu'il y ait un récepteur. Julian Treasure est coach vocal. Dans *Sound Business*, il explique comment s'échauffer la voix avant toute intervention publique. Il montre aussi l'importance d'établir un climat de confiance avec l'auditoire. Pour emporter l'adhésion de ceux qui vous écoutent, souriez. Montrez que vous cherchez le meilleur pour lui. Ne dénigrez personne, ne soyez ni condescendant ni agressif. En vous montrant bienveillant avec votre auditoire, il sera bienveillant avec vous.

3. Soyez clair et direct

Ne tournez pas autour du pot, dites ce que vous avez à dire, même si le message est difficile. Pas de langue de bois ! Évitez de laisser la place aux interprétations ou aux rumeurs. Soyez précis. Donnez des faits, des chiffres. Dites ce que vous attendez de chacun. La concentration d'un auditoire décline vite après la troisième minute. Soignez l'introduction et délivrez rapidement vos principaux messages. Regardez votre auditoire sans détourner les yeux. Adoptez un ton ferme et montrez-vous sûr de vous. Modulez le ton de votre voix pour éviter l'ennui. Jouez sur les émotions, cela fonctionnera mieux qu'un discours purement rationnel. Évitez les présentations Powerpoint, si possible n'utilisez que votre voix. Et souvenez-vous de la leçon de Yunus : racontez des histoires. Choisissez préférentiellement celles dans lesquelles vous êtes personnellement impliqué.

4. Communiquez aussi avec votre corps

Au quotidien, nos mains prolongent notre corps sans qu'on s'en rende compte. Mais étrangement, lorsqu'on s'exprime à l'oral, on ne sait plus quoi en faire. Pourtant, qu'on le veuille ou non, elles parlent également. Des mains baladeuses donneront une image d'hésitation. Si vous n'avez pas l'habitude de vous exprimer à l'oral, faites-leur faire des gestes qui soutiennent votre propos. Réduisez le débit de votre voix ; plus l'auditoire est important, plus la diction doit être lente. Faites des pauses dans votre discours ; le silence est un puissant moyen de recréer de la concentration. Enfin, occupez l'espace. Amy Cuddy est une psychologue américaine. Elle a fait une découverte intrigante : le corps influence le cerveau. Si on force quelqu'un à sourire, par exemple en lui demandant de tenir un crayon entre les dents pendant plusieurs minutes, il sera plus heureux et plus optimiste. Amy Cuddy conseille d'adopter des postures qui envoient des signaux positifs à votre cerveau. Forcez-vous à écarter les bras, à écarter les pieds, à vous tenir droit, à ouvrir vos mains. Essayez d'occuper un maximum d'espace. Le cerveau humain est proche de celui des grands singes, ayez en tête les images du chef gorille. Cette posture de pouvoir envoie des signaux positifs à votre cerveau et vous mettra dans les meilleures conditions pour faire preuve de leadership à l'oral !

Par où commencer ?

Quand est votre prochaine occasion de prise de parole ?

....

....

....

....

Quel conseil allez-vous mettre en pratique ?

....

....

....

....

Pour aller plus loin : Amy Cuddy, *Presence: Bringing Your Boldest Self to Your Biggest Challenges*, 2015

Sur le thème « Prendre la parole en public », voir aussi les leçons 10 et 38.

Le réalisateur James Cameron est-il un tyran ou un génie ?

#excellence #perfection

Les deux films les plus vus de l'histoire du cinéma, Titanic *et* Avatar, *sont l'œuvre de la même personne : James Cameron. Ce n'est pas un hasard. Le réalisateur américain ne connaît aucune limite dans la recherche de la perfection.*

Nous sommes le 31 mai 1996. James Cameron a obtenu un financement de 150 millions de dollars sur la base d'un script de sept mots : « Roméo et Juliette à bord du *Titanic* ». Le tournage démarre dans une ambiance dantesque.

Une reproduction du mythique paquebot a été construite. À elle seule, la maquette a coûté 6 millions de dollars. Les boiseries, les tapisseries, les assiettes, les cintres et tous les détails ont été recréés. Huit cylindres hydrauliques permettront au décor de s'incliner pour les scènes finales. Trois bassins sont creusés pour le tournage des scènes en mer, le plus grand étant rempli de 85 millions de litres d'eau.

James Cameron est d'une exigence extrême avec ses acteurs. Pour lui, « faire un film est une guerre, un affrontement épique entre l'argent et l'esthétique ». Face au retard du chantier, il commence par les scènes intimes. Le tournage démarre avec la scène où Kate Winslet se déshabille pour être dessinée par Leonardo DiCaprio. Les acteurs ne se connaissent pas, James Cameron y voit le moyen de briser la glace. C'est ainsi que Di Caprio rencontre pour la première fois sa partenaire nue, les jambes écartées et les bras relevés, conformément à la position exigée par le scénario.

Cameron engage ensuite le tournage des scènes dans l'eau. Les scènes dans les coursives du bateau sont effrayantes pour les acteurs. Les couloirs se remplissent d'eau alors qu'ils sont à l'intérieur. Peu rassurée, Kate Winslet exige qu'une issue de secours soit aménagée dans le plafond au-dessus d'elle. Elle obtient également qu'une piscine d'eau chaude soit construite afin que les acteurs puissent se réchauffer entre les prises.

À la fin du film, les scènes où le bateau sombre sont réalisées dans un bassin de seulement 90 centimètres de profondeur. Cameron craint que le jeu des figurants, censés se débattre puis se noyer dans une eau glacée, ne soit pas suffisamment réaliste. Il fait abaisser la température de l'eau à 16 °C. Un technicien lui fait remarquer que les spectateurs ne verront pas la température de l'eau à l'écran. Le réalisateur lui fait comprendre qu'il n'est prêt à aucun compromis lorsqu'il s'agit d'obtenir l'effet recherché.

Certains acteurs décrivirent le tournage comme un cauchemar, d'autres comme une aventure magnifique. James Cameron fut beaucoup critiqué. Mais son exigence porta ses fruits : *Titanic* remporta onze oscars et devint le premier film à dépasser le milliard de dollars de recette.

Décryptage

De nombreuses entreprises recherchent l'excellence. C'est en particulier le cas de celles qui misent sur leur expertise pour battre les concurrents. La recherche de l'excellence est une aventure difficile.

Le manque de considération de James Cameron pour ses collaborateurs est critiquable. Son approche est néanmoins inspirante. Pour Cameron, la recherche de l'excellence passe par l'absence de compromis : ni sur le budget, ni sur les moyens, ni sur le temps. Son niveau d'exigence vis-à-vis de tous, à commencer par lui-même, est exceptionnel. Lors de l'écriture du script, Cameron a écrit la chronologie du naufrage du véritable *Titanic* à la minute près. Aucun historien n'avait réalisé un travail aussi détaillé.

Cameron ne cherche pas à plaire. Il s'estime être le seul juge de son travail, et il est un juge intransigeant. Que les spectateurs ne « voient » pas la température de l'eau n'a pas d'importance : lui la voit. Steve Jobs partageait cette conviction : « Si vous êtes charpentier et que vous fabriquez une magnifique commode, vous n'allez pas utiliser un morceau de contreplaqué pour l'arrière du meuble, même si il est contre le mur et même si personne ne va le voir. Vous saurez que ce sera là. Pour que vous dormiez bien la nuit, la qualité doit être un impératif de bout en bout. »

Moralité

Vous êtes le meilleur juge de la qualité de votre travail.

Quatre conseils pour atteindre l'excellence

1. Définissez votre cible

Jim Collins, auteur américain, a concentré son travail de recherche sur les entreprises les plus performantes. Son livre *De la performance à l'excellence* est un best-seller de la littérature managériale. Il y développe la métaphore du renard et du hérisson. Malgré sa taille, le renard n'arrive pas à manger le hérisson. Le hérisson se concentre sur le peu qu'il sait faire (se rouler sur lui-même pour former une boule parfaite) et c'est lui qui l'emporte, face au renard. Collins conseille de rechercher son « hérisson » en se posant trois questions : en quoi pouvez-vous être le meilleur au monde ? Qu'est-ce qui vous attire le plus profondément ? Quel est votre moteur économique (pour s'assurer de la viabilité du système) ? Ces questions, profondes et personnelles, s'adressent tant à une entreprise qu'à un individu. Elles permettent d'identifier la cible sur laquelle vous pourrez exceller.

2. Identifiez vos points forts

Dans *Atteindre l'excellence*, Robert Greene s'attaque au mythe du talent inné et montre, en s'appuyant sur les exemples de Darwin et Benjamin Franklin, que le talent s'apprend. Comment ? En travaillant ses points forts. Vous ne pourrez exceller que dans des domaines qui vous passionnent. Vous adorez mener un entretien de vente ? Vous êtes un passionné d'automobile ? Vous aimez passer des heures à découvrir toutes les possibilités offertes par Excel ? Voilà de bons points de départ. Vous aurez sans doute plaisir à travailler ces domaines. Vous pourrez y devenir bon, voire excellent.

On progresse toujours plus facilement sur ses points forts que sur ses points faibles. Les connaître est une étape indispensable.

3. Travaillez méthodiquement

Dans un article de 1993, le psychologue Anders Ericsson révèle les résultats de ses recherches : si vous travaillez une discipline pendant 10 000 heures, vous en deviendrez un expert. Cela représente une dizaine d'années de travail appliqué et structuré, dans une pratique résolument tournée vers le progrès. Jouer au tennis tous les jours, mais de manière désinvolte, ne suffira pas à faire de vous un grand joueur de tennis : vous devez rechercher le feedback permanent, travailler geste après geste, recommencer jusqu'à réussir. Robert Greene reprend les travaux d'Ericsson et avance une explication neurologique : « au bout de 10 000 heures, il se produit un changement dans la structure même de votre cerveau ». N'importe quel objectif est accessible, à condition de s'en donner la peine et de travailler méthodiquement.

4. Prenez un maître et dépassez-le

L'étude de la vie des « génies » est instructive. Robert Greene montre qu'ils ont tous eu un maître qui les a inspirés. « Léonard de Vinci, ayant fait des progrès dans l'atelier de Verrocchio, se lança dans des expériences nouvelles et affirma son style personnel. Il fut surpris de constater que son maître était impressionné par sa créativité. Cela montra à l'élève qu'il approchait de la fin de son apprentissage. » Choisissez un mentor. Observez sa façon de faire. Cherchez à la reproduire. Votre apprentissage sera beaucoup plus rapide ainsi que si vous cherchez à tout découvrir par vous-même. Puis essayez de le dépasser. Comme le disait Léonard de Vinci, « C'est un médiocre disciple que celui qui ne surpasse pas son maître. »

Par où commencer ?

Quelles sont vos passions ?

....

....

....

....

Quels sont vos points forts ?

....

....

....

....

Comment les transformer en domaines d'excellence ?

....

....

....

....

Pour aller plus loin : Robert Greene, *Atteindre l'excellence*, éditions Leduc, 2014

Sur le thème « Renforcer son efficacité personnelle », voir aussi les leçons 1, 18, 24, 47 et 49.

Comment Howard Schultz a-t-il ramené Starbucks à la rentabilité en deux ans seulement ?

#efficacité #résultats #priorités

http://bit.ly/2daglgn

Les cafés Starbucks sont une institution aux États-Unis. De nombreux Américains les considèrent comme leur troisième lieu entre le bureau et la maison (« my third place »*). L'enseigne y jouit d'une image différente de celle qu'elle a en Europe, symbole d'atmosphère chaleureuse et de café de qualité. Son histoire est intimement liée à celle de Howard Schultz, patron social, innovateur et redoutablement efficace.*

Starbucks a été fondé en 1971 à Seattle. Après avoir dirigé l'entreprise pendant près de trente ans, Howard Schutz avait décidé du prendre un repos bien mérité. En 2007, il avait quitté son poste depuis huit ans. Mais il est subitement rappelé aux affaires. Le bateau coule ! La crise de 2005 a profondément ébranlé l'entreprise. Les ventes s'effondrent et l'image de la marque se dégrade. Les actionnaires s'inquiètent. Ils demandent à Howard Schutz de revenir.

Deux mois lui suffisent pour poser un diagnostic. L'entreprise a perdu ses fondamentaux. Les serveurs de Starbucks vendent des pâtisseries, s'occupent de l'entretien de la salle, remplissent des tableaux de reporting mais ils ont oublié le geste le plus important de leur métier : faire le café ! Howard Schutz prend une décision radicale : le 26 février 2008, les 7 000 Starbucks des États-Unis fermeront à 17 h afin que tous les salariés suivent une formation à « l'art de servir l'expresso ».

Cette mesure fait grincer les dents. Les responsables marketing craignent la réaction des clients et les financiers appréhendent le coût de la mesure. Mais ce sont surtout les directeurs de magasin qui râlent : ils ont bien plus important à faire que de perdre trois heures en formation !

Ce n'est pas ce que pense Howard Schutz. Pour lui, rien n'est plus important que de bien faire son métier. Son message s'adresse à tout le monde, du directeur de magasin au balayeur. Le message du PDG est très clair : « Faites du bon café et les clients reviendront. »

En deux ans seulement, grâce à différentes mesures, Howard Schutz a ramené Starbucks à la rentabilité.

Décryptage

Qu'attend-on prioritairement d'un dirigeant ? Qu'il soit bon communicant, inspirant et mobilisateur ? Pas seulement. La qualité d'un dirigeant se juge d'abord à ses résultats. Ceux qui le disent sont les consultants d'Egon Zehnder, le plus grand cabinet de chasse de têtes mondial. C'est un message de bon sens. Après tout, un dirigeant est payé pour obtenir des résultats !

Patricia Druckerman, journaliste et maman américaine installée en France, raconte les différences d'éducation entre les États-Unis et la France. Elle montre que l'éducation à l'américaine, où les rangs de classement sont omniprésents depuis la maternelle, amène naturellement les enfants à être orientés résultats. Howard Schultz en est l'illustration. Néanmoins, ses enseignements valent aussi de ce côté de l'Atlantique.

Pour réussir, le conseil de Howard Schultz est simple : donnez la priorité aux priorités. Il décrit sa méthode en détail dans un livre sorti en 2011 : *Comment Starbucks a sauvé sa peau sans perdre son âme*. Pour ce patron à la sensibilité sociale, la culture d'entreprise est un élément structurant du succès. Il souhaite des employés à l'image des cafés Starbucks : ouverts, accueillants, divers. Il sait aussi que son entreprise ne peut fonctionner qu'à la condition qu'elle atteigne les résultats attendus par ses actionnaires. Par réalisme, il a accédé à plusieurs de leurs demandes, notamment l'expansion internationale et l'ouverture de franchises. Mais il reste ferme sur ce qui a fait le succès de Starbucks

Moralité

Pour être efficace, donnez la priorité aux priorités.

aux États-Unis : le sens du service. Il juge indispensable que tous les employés, quelle que soit leur position dans l'entreprise, gardent cette priorité en vue. Ce n'est pas un hasard si les managers ont suivi la formation à servir le café. Pour Howard Schultz, le manager doit donner l'exemple.

Quatre conseils pour obtenir des résultats

1. Faites preuve de discipline personnelle

L'efficacité est d'abord une affaire de discipline. La procrastination doit devenir votre pire ennemi. Appliquez le conseil de David Allen dans son best-seller *Getting Things Done* : si cela vous prend moins de 2 minutes, faites-le tout de suite. La plupart des tâches que nous avons à accomplir répondent à cette règle. Organisez-vous. Les statistiques sportives le montrent, l'équipe en tête à la mi-temps remporte très souvent le match. Commencez toujours par les tâches qui vous feront le plus avancer. Par exemple, fixez-vous l'objectif d'avoir accompli trois tâches avant midi. Regroupez les tâches similaires, par exemple les appels téléphoniques, car la répétition accroît l'efficacité. Et si vous n'arrivez vraiment pas au bout d'une tâche qui est sur votre liste depuis plusieurs jours, posez-vous la question : est-elle vraiment nécessaire ?

2. Gérez votre énergie, plutôt que votre temps

« J'aimerais bien me consacrer aux priorités, mais je n'ai pas le temps ! » Le manque de temps est souvent perçu par les managers comme un obstacle majeur à la performance. Tony Schwartz est l'auteur d'un article de la *Harvard Business Review* intitulé « Manage your energy, not your time ». Il y raconte les programmes qu'il a mis en place auprès de managers souffrant d'une charge de travail excessive. Tony Schwartz montre que certaines activités consomment de l'énergie, d'autres au contraire en apportent. Par exemple, si vous aimez particulièrement faire du sport, faites-le, même si cela vous prend du temps et vous fatigue physiquement. En rechargeant vos batteries psychologiques, vous serez finalement plus efficace. Le programme de Tony Schwartz a permis à une grande banque américaine de gagner 13 % de productivité en un an. Plaisir et performance ne sont pas contradictoires, bien au contraire.

3. Entre la qualité de la relation et l'atteinte du résultat, choisissez... les deux !

Atteindre un résultat nécessite souvent une situation inconfortable. Lorsque Howard Schultz a demandé la fermeture des cafés Starbucks à 17 h pour organiser des sessions de formation, il a dû faire face à l'opposition de nombreux directeurs. Concilier l'atteinte des résultats et les relations humaines n'est pas toujours simple. Matthew Lieberman dirige le laboratoire de neurosciences cognitives de l'université de Californie à Los Angeles (UCLA). Il explique que notre cerveau a du mal à se focaliser concomitamment sur les compétences sociales et analytiques. L'imagerie médicale a montré l'existence d'un balancier neuronal, le cerveau passant successivement de l'analyse rationnelle (l'atteinte des résultats) à la pensée sociale (la qualité relationnelle). Puisqu'il n'est pas possible de faire les deux en même temps, efforcez-vous de faire l'un après l'autre. Lorsque vous avez un message difficile à faire passer, montrez-vous d'abord particulièrement à l'écoute.

4. Développez votre sentiment d'efficacité personnelle

Pour obtenir des résultats, il est plus efficace d'être convaincu de son succès futur que d'avoir toutes les compétences nécessaires. C'est la conclusion surprenante obtenue par le psychologue canadien Albert Bandura à l'origine du concept d'efficacité personnelle (« *self efficacy* »). Bandura a comparé l'impact de différents facteurs sur la recherche d'emploi : l'âge du chômeur, ses performances au travail et son état d'esprit. Le sentiment d'efficacité est apparu comme *le* facteur déterminant : ceux qui ont réussi à trouver un emploi n'avaient pas forcément le meilleur profil, mais ils étaient convaincus qu'ils y arriveraient. Comment renforcer votre sentiment d'efficacité personnelle ? Bandura donne trois pistes : expérimentez vous-même le succès ; observez d'autres personnes réussir ; recherchez les encouragements de vos proches.

Par où commencer ?

Quelles sont vos priorités ?

....

....

....

....

Comment lâcher le reste pour vous y consacrer en priorité ?

....

....

....

....

Pour aller plus loin : Albert Bandura, *Auto-efficacité : Le sentiment d'efficacité personnelle*, De Boeck, 2003

Sur le thème « Renforcer son efficacité personnelle », voir aussi les leçons 1, 18, 23, 47 et 49.

Quel est le principal talent de Yannick Noah ?

#coaching

Yannick Noah fut pendant longtemps la personnalité préférée des Français. Rares sont ceux qui peuvent dire, comme lui, avoir excellé dans trois métiers totalement différents. Comme joueur de tennis, il a remporté un tournoi du Grand chelem. Comme coach sportif, il a remporté deux Coupes Davis. Comme chanteur, il a vendu 1,5 million de disques et rempli le Stade de France. En septembre 2015 il reprend le poste de capitaine de l'équipe de France de Coupe Davis. C'est un retour à sa vraie passion : coacher.

Yannick Noah grandit au Cameroun. C'est là qu'il découvre le tennis, dans un pays qui ne compte que huit courts. En 1971, l'Américain Arthur Ashe, premier joueur noir à remporter un tournoi du Grand chelem, est en visite à Yaoundé. Il remarque les talents du jeune Yannick et lui offre une raquette. Elle le suivra toute sa carrière. Il sera le dernier joueur à remporter un tournoi du Grand chelem avec une raquette en bois.

En 1982, Yannick Noah participe à l'équipe de France de Coupe Davis. La finale se joue contre les États-Unis au Palais des sports de Grenoble. Face aux joueurs français, l'équipe américaine est entrainée par… Arthur Ashe. Noah raconte : « J'avais mal au genou, je n'aurais pas dû jouer. Mais comme j'ai de l'influence sur le groupe, on m'a laissé jouer quand même. Nous les joueurs, on faisait ce qu'on voulait, et on a fait n'importe quoi. » À la différence de l'équipe américaine emmenée par Arthur Ashe, l'équipe de France ne s'est préparée que physiquement, pas mentalement. Les États-Unis s'imposent facilement. Sans le savoir, Noah prend ce jour-là une leçon de coaching.

Sa carrière de joueur de tennis culmine en 1983 avec la victoire à Roland Garros. Trois ans plus tard, il atteint la troisième place du classement ATP. Mais déjà, son envie de tennis s'estompe. Il arrête sa carrière de joueur. « Jusqu'à présent j'ai mis ma vie au service du tennis, aujourd'hui je mets le tennis au service de ma vie. »

Devenu coach de l'équipe de France en 1991, Noah a retenu la leçon du passé. Il se donne à fond dans son rôle de coach. Dès la première année, il impose sa discipline et emmène l'équipe de France à la victoire en Coupe Davis. Ce moment sportif a marqué les esprits, les joueurs victorieux dansant sur le terrain autour des juges arbitres totalement dépassés.

En 1996, il réédite l'exploit avec une équipe entièrement renouvelée. Il est alors appelé par Michel Denisot. Celui-ci dirige le club de foot du Paris Saint-Germain. Le PSG s'apprête à jouer le match le plus important de son histoire : la finale de la Coupe d'Europe des vainqueurs de coupe contre le Rapid de Vienne. Denisot estime que les joueurs sont prêts physiquement, mais pas mentalement. Il demande à Noah de leur parler. Cette fois encore, son coaching va faire des merveilles. Les joueurs survoltés remportent la finale. « Qu'avez-vous dit aux joueurs du PSG pour qu'ils se dépassent ainsi ? » demande un journaliste à Noah. « En sport, la joie ne suit pas la victoire, elle la précède. Je les ai écoutés. Je les ai aidés à prendre du recul. Cela leur a permis de prendre conscience de leur potentiel. » C'était donc ça...

Décryptage

Une étude réalisée en 2016 par *The Economist* montre que de nombreux dirigeants cherchent encore prioritairement à se former sur des sujets techniques (en premier la finance et le digital), tandis que leurs équipes souhaitent qu'ils se forment au leadership. D'où vient ce décalage ? « Les attentes des collaborateurs ont changé. Ils veulent des managers-coachs plus présents sur les tâches quotidiennes pour les encadrer. Le modèle du leader charismatique coupé des réalités professionnelles de ses employés n'a plus la cote. » Et c'est particulièrement vrai des jeunes générations. Le dirigeant de demain est de moins en moins un expert, et de plus en plus un coach.

Moralité

Être coach, c'est aider l'autre à révéler son potentiel.

Le coaching élargit la palette de compétences du manager. Comme le montre Yannick Noah, le manager-coach aide son collaborateur à progresser. Il le pousse à donner le meilleur de lui-même.

Quatre conseils pour coacher votre équipe

1. Posez des questions

Le style du coach est assez éloigné du leader autoritaire. Il ne donne pas d'ordre, ne dit pas « fais ci, ne fais pas ça ». Même si votre niveau d'expertise est supérieur à celui de votre collaborateur, commencez toujours par l'écouter. Quand Noah rencontre les joueurs du PSG, il ne leur fait pas la leçon, il les a fait s'exprimer. Soyez parfaitement concentré sur ce que la personne a à dire. Posez des questions ouvertes telles que : sur quoi souhaites-tu progresser ? Pourquoi ? Qu'as-tu déjà entrepris en ce sens ? Ce n'est pas le choix des mots qui compte, mais votre intention sincère d'aider la personne à progresser.

2. Adaptez votre style aux besoins de chacun

Dans un article de la *Harvard Business Review*, le coach de Nadia Comaneci raconte comment il l'a aidé à remporter la médaille d'or en gymnastique aux jeux Olympiques de Montréal sur la note inédite de 10/10. « Adaptez votre discours à chaque athlète. Il faut trouver ce qui cloche, savoir ce qu'il faut dire et ce qu'il ne faut surtout pas dire. Avec Comaneci, il n'aurait servi à rien de lui dire de ne pas avoir peur. C'était une tête brûlée qui n'avait peur de rien. Essayer de la rassurer aurait été contre-productif. » Avec votre collaborateur, vous pourrez commencer par un feedback qui l'aidera à prendre conscience de ses marges de progrès. Puis vous établirez un plan de développement engageant pour lui comme pour vous. Enfin, vous vous mettrez d'accord sur un mode de relation qui vous convient à tous les deux. Certains collaborateurs trouveront les réponses en eux, contentez-vous de leur poser des questions. D'autres au contraire auront besoin de vos conseils. C'est à vous de vous adapter à votre collaborateur et non l'inverse.

3. Soyez exigeant et positif avec votre interlocuteur

C'est un enseignement majeur des coachs sportifs : un collaborateur ne peut progresser qu'à la condition d'un feedback exigeant. Dans la relation que vous établirez, c'est également une marque de respect. Considérer votre collaborateur en adulte, c'est oser lui dire quand ça ne va pas. Parce que c'est dans son intérêt ! Bien entendu, n'oubliez pas de le féliciter quand tout va bien. Miser sur le positif lui donnera envie de poursuivre dans la même lancée. Les recherches en neurosciences montrent la rapidité avec laquelle le cerveau humain passe en mode défensif, un héritage de notre passé de proie. Envoyez fréquemment des signaux positifs pour empêcher le cerveau de votre collaborateur de se mettre sur la défensive.

4. Créez une dynamique collective

Suscitez de l'enthousiasme. Les plus grands coachs sont souvent d'incomparables optimistes. Cette conviction est à l'origine de nombreux succès. Sachez aussi mettre la bonne distance. L'entraîneur du club de baseball de Montréal disait : « Je me garde toujours une distance d'un bras avec mes joueurs. » Vous n'êtes pas l'ami de vos équipes, vous devez rester une figure d'autorité pour eux. Enfin, pourquoi ne pas développer une véritable culture du coaching ? Le manager n'est pas le seul à pouvoir coacher, bien au contraire. Formez vos collaborateurs au coaching et donnez-leur l'occasion de se coacher entre eux. Le résultat positif ne sera pas long à venir !

Par où commencer ?

Si vos collaborateurs formaient une équipe sportive, quelle serait-elle ?

....

....

....

....

En tant que manager, comment développer votre rôle de coach ?

....

....

....

....

Pour aller plus loin : Alison Bird, « Life's Work: An Interview with Greg Louganis », *Harvard Business Review*, juillet-août 2016

Sur le thème « Développer les compétences », voir aussi les leçons 4, 14 et 42.

Pourquoi Loïck Peyron a-t-il dû attendre son sixième essai pour remporter la Route du Rhum ?

#autorité #influence #résultat

Loïck Peyron est une légende de la mer. Il a inscrit à son palmarès de très nombreuses courses transocéaniques : la Transat anglaise, la transat Jacques Vabre, le trophée Jules Verne, la Barcelona Word Race. En 2014, il se présente pour la sixième fois au départ de la Route du Rhum. Après cinq échecs, cette tentative sera la bonne. Car cette fois, il n'est pas seul.

La Route du Rhum n'est jamais une promenade de santé. L'édition 2014 ne manque pas à la règle avec des conditions météorologiques particulièrement difficiles pour les marins. Ce sera une édition record : Loïck Peyron ne mettra que 7 jours et 15 heures pour traverser l'Atlantique. Entre le premier et le dernier arrivé, il ne s'écoule que 48 heures. Ce fut une belle bataille où les navigateurs n'ont pas eu le temps de souffler. La victoire de Loïck Peyron s'est jouée dans la nuit du troisième jour.

Les concurrents quittent Saint-Malo encouragés par 50 000 spectateurs. Ils contournent le cap Fréhel. La situation météorologique se dégrade rapidement avec plus de 45 nœuds de vent entre l'île de Batz et Ouessant. Plusieurs participants abandonnent sur avarie. Puis le vent prend des tours en basculant à l'ouest pour une descente vers le cap Finisterre très musclée. Plusieurs solitaires font escale en Espagne ou au Portugal. Au niveau de Madère, les trimarans – toujours au coude à coude – entrent dans le secteur des alizés, ces vents d'est très instables qui les amèneront jusqu'à l'arrivée de l'autre côté de l'Atlantique.

Comme les autres, Loïck Peyron n'a pas dormi depuis 48 heures. Il se dit qu'il est temps de s'accorder du repos. Mais son routeur l'appelle : « Les vents vont faiblir brutalement, tu dois hisser la grand-voile. » Loïck Peyron refuse : hisser la grand-voile nécessite 4 heures d'effort physique intense. « Je fais une sieste et je m'en occupe après. » Le routeur insiste : « Non, fais-le maintenant. » Peyron obtempère.

Le routeur n'est pas n'importe qui. Il s'agit d'Armel Le Cléac'h. À 35 ans, Armel Le Cléac'h est déjà un marin confirmé. C'est lui qui aurait pris le départ de la Route du Rhum s'il ne s'était pas blessé bêtement pendant les entraînements. Loïck Peyron est en fait son remplaçant à la barre ! Alors, lorsque Le Cléac'h demande à Peyron de hisser la grand-voile, il mesure tout à fait l'effort que cela représente. Et Peyron se dit qu'il doit avoir de sérieuses raisons pour exiger cela de lui.

Lorsque le vent faiblit, le bateau de Loïck Peyron est prêt. Il file devant tous les autres. Il ne sera jamais rejoint jusqu'à Pointe-à-Pitre. Cette fois, la Route du Rhum ne lui échappera pas.

Décryptage

Un manager ne doit pas seulement prendre des décisions, il doit aussi faire en sorte que ses décisions soient appliquées. Comment faire pour que vos collaborateurs obéissent à vos ordres ? Voilà un exercice difficile auxquels tous les managers se sont livrés.

Loïck Peyron obéit à Armel Le Cléac'h alors que ce dernier est plus jeune de 20 ans, qu'il a moins d'expérience, que cet ordre lui coûte, et qu'il aurait pu faire autrement (il est le seul maître à bord après tout !). Mais il a choisi d'obéir. Pourquoi ? Car il sait que Le Cléac'h mesure les efforts demandés.

Moralité

Pour vous faire obéir de vos collaborateurs, imaginez-vous à leur place.

« Commander n'est rien. Ce qu'il faut, c'est bien comprendre ceux à qui l'on a affaire et bien se faire comprendre d'eux », disait le maréchal Foch. C'est un fondamental du management. Pour diriger des hommes, il faut comprendre ce qu'ils vivent. Les grandes organisations ne permettent pas toujours cela facilement. Trop déconnectés des réalités quotidiennes de leurs collaborateurs, certains managers ont du mal à mesurer l'impact de ce qu'ils leurs demandent. Par exemple, certains managers n'ont aucune idée du fonctionnement des outils informatiques que les collaborateurs utilisent au quotidien.

Cela crée une distance qui nuit à leur autorité. Quelle que soit la taille de votre équipe, recherchez la proximité.

Quatre conseils pour renforcer votre autorité

1. N'ayez pas peur du pouvoir

Selon un sondage Opinion Way, 67 % des salariés français ne souhaitent pas devenir le chef. Si vous avez fait le choix inverse, bravo ! Avoir du pouvoir est la seule façon de faire aboutir ses idées. Le progrès vous dit merci. Assumez votre ambition. Les jeux de pouvoir sont souvent perçus comme négatifs dans les grandes organisations. Peu de managers aiment se dire que leur position de force personnelle est un atout au service de leur équipe. C'est pourtant le cas. Être ambitieux pour son entreprise et être ambitieux pour soi-même sont toujours intimement liés.

2. Fixez les règles et assurez-vous qu'elles soient respectées

Vous êtes un manager exigeant avec vous-même, tant mieux. Vous devez l'être également vis-à-vis de vos collaborateurs. On a parfois du mal à s'engager dans un rapport de force. Pourtant, les rapports de force sont une réalité de l'entreprise. C'est aussi une condition d'une bonne relation à long terme. Si la demande d'Armel Le Cléac'h n'avait pas été suivie par Loïck Peyron, leur relation en aurait pâti. Le Cléac'h aurait perdu en autorité, au détriment de la course (il détient des informations météorologiques précieuses). En tant que manager, il faut parfois savoir se faire respecter, voire être craint. Jeffrey Immelt est le PDG du géant américain GE. Lors du rachat de la branche énergie d'Alstom, il a demandé à ses équipes de mettre en place des synergies entre les deux entreprises. Comment s'en assurer ? Il a tout simplement demandé que les situations de blocage lui soient personnellement soumises. Dans la lignée de ses prédécesseurs à la tête de l'entreprise, Immelt explique qu'il consacre peu de temps à prendre des décisions, et beaucoup à s'assurer de leur exécution.

3. Défendez des intérêts collectifs et non personnels

Pour faire autorité, vous devez connaître votre périmètre. N'hésitez pas à réclamer des marges de manœuvre si vous estimez votre périmètre trop étroit. Mais argumentez sur les bénéfices collectifs, non sur les bénéfices personnels. L'erreur serait de laisser penser à votre hiérarchique que vous cherchez à défendre votre pré carré. Par exemple, si vous souhaitez que tel collaborateur vous soit rattaché, c'est probablement car vous estimez que cela rendra l'équipe plus performante, pas pour augmenter votre pouvoir personnel. Comme le montre Gary Hamel, le manager ne doit jamais demander du pouvoir pour lui-même, mais pour le bénéfice de tous.

4. Développez votre influence

Dans l'intérêt de son équipe, un manager doit se valoriser. Ce n'est pas de la vanité, mais une technique au service de tous. Être écouté et entraîner les autres suppose d'être respecté pour sa valeur ajoutée. Quelle est la vôtre ? Identifiez vos forces et faites-en des atouts pour l'entreprise : une expertise, une capacité à décrypter les relations humaines, une approche innovante, etc. À l'heure du digital et des réseaux sociaux professionnels, travaillez votre *self branding*. Pour développer votre influence, contribuez à celle des autres et ils contribueront à la vôtre en retour : soutenez le projet d'un collègue, introduisez une personne au sein de votre réseau, valorisez vos collègues, etc. Cherchez toujours la relation gagnant-gagnant. Michel Serres résume : « La véritable autorité est celle qui grandit l'autre. »

Par où commencer ?

Qu'est-ce qui vous pousse à demander plus de pouvoir ?

....

....

....

....

Quels arguments pourrez-vous utiliser pour en faire la demande ?

....

....

....

....

Pour aller plus loin : Larry Bossidy, *Tout est dans l'exécution*, First, 2003

Sur le thème « Animer un collectif », voir aussi les leçons 5, 21 et 46.

Comment travaille l'entreprise familiale derrière Europa-Park ?

#Intergénérationnel

Avec 5 millions d'entrées par an, le parc d'attraction Europa-Park est un immense succès. En 2015, les clients de TripAdvisor l'ont élu « meilleur parc d'attraction d'Europe ». Sa particularité ? C'est une entreprise familiale à laquelle chaque génération a apporté sa contribution.

Nous sommes en 1972. Franz Mack et son fils Roland se rendent aux États-Unis. Franz et Roland sont les héritiers d'une entreprise familiale fondée en 1780. Basée en Allemagne, au cœur de la Forêt-Noire, l'entreprise Mack fabrique toutes sortes de chariots. Les forains sont ses principaux clients, et l'entreprise jouit d'une solide réputation dans la fabrication de grands huit et de trains fantômes.

Les Mack reviennent des États-Unis avec une idée. « Pourquoi ne pas ouvrir notre show room aux particuliers ? » Cette idée devient un projet. En 1975, ce qui n'était qu'une simple vitrine promotionnelle pour les chariots Mack devient un parc d'attraction : Europa-Park est né. Le succès est immédiat. Il ne faut pas trois ans pour que la barre du million de visiteurs annuels soit franchie.

Franz appartient à la sixième génération de fabricants de chariots. La mécanique n'a pas de secret pour lui. Mais la transformation de l'entreprise nécessite de nouvelles compétences. Elles sont apportées par la génération suivante. Son fils Roland, qui a débuté sa carrière aux États-Unis et en France, dispose d'une expérience internationale indispensable pour attirer des visiteurs des quatre coins du globe.

Dans les années 2000, Europa-Park ne ressemble plus du tout à un showroom de fabricant de chariots. Avec 4 000 lits, c'est devenu le plus grand complexe hôtelier d'Allemagne ! Thomas Mack, le fils de Roland, fait ses études à la prestigieuse école hôtelière suisse de Lucerne. Il contribue à améliorer le sens du service des agents d'accueil, l'une des principales forces du parc pour attirer les visiteurs en Forêt-Noire. Enfin Michael, le deuxième fils, se spécialise en 2010 dans les jeux vidéo. Les premiers films 4D d'Allemagne sont projetés dans les salles de cinéma du parc.

La famille Mack est l'une des familles d'entrepreneurs les plus respectées outre-Rhin. Chaque génération apporte sa pierre à l'édifice : la mécanique, l'international, l'hôtellerie et l'animation digitale. En 235 ans, leur entreprise ne s'est jamais aussi bien portée.

Décryptage

L'allongement des carrières amène les entreprises à voir cohabiter plusieurs générations. Entre un salarié baby-boomer et un autre de la génération Y, les incompréhensions sont courantes.

La génération Y est bientôt majoritaire (dans le monde, 50 % de la population a moins de 30 ans). Elle est décrite par les sociologues comme « court-termiste », transactionnelle, exigeante. Signe de cette évolution dans le rapport au travail, il y a désormais plus de travailleurs free-lance aux États-Unis que de salariés en CDI. Comme le révèle Emmanuelle Duez, la génération Z est encore plus critique à l'égard de l'entreprise : 48 % d'entre eux souhaitent n'être jamais salariés. Les conflits entre générations ne font que commencer.

À l'inverse, l'histoire de la famille Mack démontre la complémentarité entre générations. À chaque époque son expertise : la mécanique dans les années 1970 et 1980, l'internationalisation dans les années 1990, le sens du service dans les années 2000, le digital depuis 2010. Toutes ces compétences sont nécessaires à l'entreprise. Plutôt que de les opposer, la famille Mack les rend complémentaires, au bénéfice des visiteurs d'Europa-Park.

Moralité

Les différences générationnelles sont une force.

Quatre conseils pour tirer parti de l'intergénérationnel

1. Évitez le conflit grâce au dialogue

Les *a priori* ont la vie dure. La génération Y est perçue comme « immature, individualiste et paresseuse », tandis que les jeunes jugent les seniors « peu rentables ». L'incompréhension réciproque est la première source de conflit. Exemples de pommes de discordes : le rapport à l'autorité, la génération Y ne respectant pas l'autorité formelle (« ce n'est pas parce que tu es le chef que tu as raison ») ; le besoin de sens (« je ne le fais pas tant que je n'ai pas compris pourquoi on le demande ») ; une approche consumériste y compris dans la gestion de carrière (« si on ne me propose rien de bien, je m'en vais ») ; une perméabilité entre les vies pro et perso (« je ne vois pas pourquoi on m'empêcherait de consulter Facebook au travail vu que je consulte mes e-mails pro à la maison ») ; une impatience à prendre une place centrale dans l'équipe (« ce n'est pas parce que vous faites comme cela depuis 20 ans que c'est bien »). Pour désamorcer les conflits, la première règle est de permettre aux différentes générations de mieux se comprendre en ouvrant le dialogue.

2. Veillez à la transmission des savoirs… dans les deux sens

Le cabinet EY et LinkedIn ont publié en 2014 *La Révolution des métiers*. Cette étude passionnante montre que 90 % des dirigeants anticipent des changements majeurs pour leur entreprise. Une grande partie des métiers qui seront les plus recherchés dans cinq ans n'existent tout simplement pas aujourd'hui. Dans le monde, 48 % des dirigeants déclarent manquer des compétences nécessaires au développement de leur entreprise. La France et le Brésil se distinguent par leur pessimisme. Face à cette situation, le devoir des entreprises est double : d'une part, s'assurer que les seniors ne partent pas avec leur savoir (cela nécessite de mettre en place des systèmes de *knowledge management*). D'autre part, permettre aux plus expérimentés de s'adapter à la révolution digitale. Les dispositifs de *mentoring* et de *reverse mentoring* sont des succès partout où ils sont mis en place.

3. Adaptez votre culture d'entreprise

Les cultures d'entreprises sont inspirées par les générations au pouvoir. Le risque est réel que la culture évolue moins vite que les salariés et les clients. Pour éviter que AccorHotels soit déconnecté de la génération digitale, le PDG Sébastien Bazin a marqué les esprits en établissant un *shadow* Comex constitué de dirigeants de moins de 35 ans. Il se réunit une semaine avant le Comex et l'alimente de ses réflexions. Le but est clair : permettre à Accor-Hotels de prendre le virage digital. Les grandes entreprises ont tout à gagner à s'inspirer de l'esprit start-up : expérimentation, transparence, ouverture, organisation horizontale. Pour que chaque génération y trouve sa place, l'entreprise doit adapter sa culture.

4. Préparez la relève

Les salariés de la génération Y sont les leaders de demain. Ils sont globalement moins fidèles à l'entreprise. Comment les retenir ? Lorsqu'on est habitué à recevoir un service personnalisé de la part de son opérateur téléphonique ou de son magasin de vêtements, on ne comprend pas que son employeur ne sache pas faire de même. Comme le montre le cabinet McKinsey dans l'étude *Why Leadership Programs Fail*, les entreprises sont souvent en retard. Soyez à l'écoute des attentes individuelles et fournissez à chaque salarié l'occasion de se développer sur ce qui compte le plus pour lui. Évitez les logiques de statut et les « passages obligés » qui font horreur aux moins de 30 ans. La génération Y est dans une relation transactionnelle avec l'entreprise : n'hésitez pas à dire aux jeunes s'ils sont identifiés comme haut potentiel ou non. La transparence et l'individualisation sont deux attentes fortes.

Par où commencer ?

Combien de générations faites-vous travailler ?

....

....

....

....

Comment faire en sorte que chacun s'y retrouve ?

....

....

....

....

Pour aller plus loin : EY et LinkedIn, *La Révolution des métiers*, 2014

Sur le thème « Renforcer la collaboration », voir aussi les leçons 16 et 48.

Quelle est l'expérience la plus marquante de Jean-Christophe Lafaille, alpiniste de l'extrême ?

#sécurité #OserDire

Jean-Christophe Lafaille a été le premier Français à tenter de gravir les quatorze sommets de plus de 8 000 mètres. Le 11 octobre 1992, sur l'arête sud de l'Annapurna, il voit mourir sous ses yeux son chef de cordée. Bien que conscient du risque qu'il était en train de prendre, il n'a pas osé l'en empêcher.

Les années 1990 voient l'émergence d'une génération d'alpinistes français talentueux comme Catherine Destivelle, Benoît Chamoux, Chantal Mauduit, Pierre Beghin et Jean-Christophe Lafaille. Ils sont sans cesse à la recherche de nouveaux exploits.

En 1992, personne n'a encore gravi l'Annapurna par sa face sud. Voilà un défi à la hauteur de l'ambition de Pierre Beghin et Jean-Christophe Lafaille.

Pierre Beghin est le chef de l'expédition. À 41 ans, c'est un alpiniste chevronné. Quinze ans auparavant, lors de sa deuxième expédition himalayenne, il a été amputé de neuf orteils. Après avoir échoué quatre fois, il est devenu le troisième homme à atteindre un sommet de 8 000 mètres en solitaire. Souvent taciturne, il impressionne beaucoup le jeune Jean-Christophe Lafaille, 27 ans, qu'il emmène avec lui.

L'expédition est préparée pendant de longs mois. Elle coûte plusieurs dizaines de milliers de francs et il faut trouver des sponsors. Beghin et Lafaille savent que la pression financière et médiatique pèsera sur leurs épaules. Ils se promettent de ne pas en tenir compte. « Notre sécurité passera avant tout le reste. » Au début de l'automne, ils se mettent en route.

Sur l'Annapurna, les conditions météorologiques sont traîtresses. Au beau milieu de l'ascension, le temps se gâte brutalement. Les alpinistes paniquent et décident de redescendre. Beghin, l'aîné, porte tout le matériel. Il prépare le pitonnage pour la descente en rappel. La procédure prévoit de poser deux pitons au cas où l'un lâcherait. Dans la précipitation, il n'en pose qu'un seul. Lafaille observe la scène sans rien oser dire : Beghin c'est l'ancien, celui qui sait, qui lui a donné sa chance, qui dirige l'expédition depuis le début. Beghin s'accroche à la corde, se lance… L'unique piton lâche sous son poids. Il tombe dans le vide, la tête la première.

Lafaille mettra cinq jours à redescendre, seul, sans matériel, portant la culpabilité de la mort de son ami. « J'ai mis un visage sur la mort », dira-t-il plus tard.

Décryptage

L'alpinisme est une passion dangereuse. Des cinq alpinistes cités précédemment, quatre trouvèrent la mort en expédition. La sécurité est un souci permanent quand on affronte des pentes à pic dans des conditions météorologiques imprévisibles et redoutables. Les procédures doivent être parfaitement maîtrisées, à défaut de pouvoir maîtriser le reste.

La sécurité est au cœur des enjeux de nombreuses entreprises, notamment celles ayant le douloureux privilège de pouvoir tuer leurs clients : les entreprises pharmaceutiques, les entreprises de transports, les entreprises du secteur de l'énergie… La sécurité est une affaire de procédures et d'organisation, mais aussi et surtout de facteur humain. « 95 % des accidents sont causés par des erreurs comportementales et organisationnelles, alors que seuls 5 % trouvent leur origine dans un matériel défectueux ou inapproprié », souligne le directeur sécurité de Saint-Gobain.

La société pétrolière Total a équipé tous ses salariés d'une « stop card » qu'ils peuvent brandir s'ils observent un comportement dangereux, quel qu'en soit l'auteur. La sécurité est l'affaire de tous et l'histoire de Jean-Christophe Lafaille en offre une illustration. Il ne s'est pas autorisé à mettre en cause le choix de son chef d'expédition. La censure qu'il s'est imposée a coûté la vie à son compagnon.

Moralité

La sécurité ne connaît pas la hiérarchie.

Quatre conseils pour renforcer la culture de la sécurité

1. Ne vous satisfaites pas du simple respect des procédures

Le terme de « culture de la sécurité » est né après l'accident de la centrale de Tchernobyl. L'Institut pour une culture de la sécurité industrielle (ICSI) la définit sur trois piliers : la fiabilité technique, le système de management et les facteurs humains. Les entreprises sont positionnées sur une échelle de maturité. Tout en bas, les entreprises à la culture « bureaucratique » qui se contentent de mettre en place des procédures et de s'assurer qu'elles sont appliquées. Le défaut de cette culture, c'est qu'elle ne tient pas compte des évolutions de l'environnement ni des enseignements des incidents. La culture sécurité doit être un mouvement permanent. L'ICSI recommande un management participatif de la sécurité dans une approche « générative » au sein de laquelle les salariés sont sans cesse sollicités et proactifs.

2. Faites des retours d'expérience

Le meilleur moyen de progresser, c'est de tirer les enseignements de ses échecs. Le retour d'expérience est une bonne pratique à généraliser. Pour réussir un retour d'expérience, suivez quatre règles simples : favorisez la contradiction en invitant des contributeurs aux profils variés ; préparez la discussion avec des questions simples et structurées (que devons-nous conserver ? que devons-nous faire différemment ?) ; synthétisez les enseignements en deux ou trois points principaux sans vous noyer dans les détails ;

diffusez ces enseignements, car la communication est l'objectif principal d'un retour d'expérience.

3. Soyez vous-même exemplaire

Comment faire passer un message que vous ne vous appliquez pas à vous-même ? En tant que manager, vous avez une grande responsabilité dans la mise en place de la culture sécurité. Portez vos chaussures de sécurité, suivez les procédures sans jamais vous en écarter, même temporairement. Une grande entreprise industrielle avait affiché des panneaux demandant aux salariés de tenir la rampe en descendant l'escalier (volonté louable de réduire les accidents de travail). Plusieurs dirigeants, estimant qu'ils n'avaient pas le temps pour cela, ne respectaient jamais cette règle. Un jour, l'un d'eux fut pris à partie par un salarié qui ne comprenait pas qu'on lui demande de tenir la rampe tandis que le dirigeant ne le faisait pas. Celui-ci retint la leçon et la raconte maintenant dans tous ses séminaires de management.

4. Parlez-en

La sécurité n'est pas seulement la prévention des risques industriels. C'est également, par exemple, la prévention des risques psychosociaux ou des risques informatiques. En juin 2016, on apprend que Marck Zuckerberg, PDG de Facebook, s'est fait piraté son mot de passe ! Personne n'est à l'abri, la sécurité est l'affaire de tous. Identifiez les risques encourus par vos collaborateurs, vous-même et votre entreprise pour cibler votre communication. Ne partez pas du principe que tout le monde connaît le message, répétez-le, car la répétition est la première règle de la pédagogie. Inspirez-vous des entreprises du BTP qui commencent tous leurs séminaires par « une minute sécurité » quel que soit le thème de la journée. Et évitez de lier des incitations financières à l'atteinte des résultats sécurité : les études montrent que cela pousse à la dissimulation.

Par où commencer ?

Dans vos actes quotidiens, quels sont vos impacts sur la sécurité ?

....

....

....

....

Comment inciter vos équipes à être proactifs dans ce domaine ?

....

....

....

....

Pour aller plus loin : *Les cahiers de la sécurité industrielle*, ICSI

Sur le thème « Piloter la performance », voir aussi les leçons 7, 11, 30 et 39.

Les sœurs Williams sont-elles concurrentes ou partenaires ?

#émulation #concurrence

Serena Williams est l'une des plus grandes joueuses de tennis de l'histoire. À 36 ans, la numéro 1 mondial a déjà remporté vingt et un tournois du Grand chelem. Seule Steffi Graff a fait mieux. Dans sa biographie, Serena raconte son incroyable épopée et révèle la clé de son succès : sa relation avec sa sœur Venus.

La meilleure joueuse de tennis au monde n'a pas choisi son sport. Elle l'a reçu en héritage. Son père Richard a étudié le tennis dans les livres avant de l'enseigner à ses enfants. Le tennis était pour lui le meilleur moyen de sortir sa famille de la misère.

Venus est l'aînée des enfants Williams. Serena s'entraîne avec elle pendant des heures sur les courts de tennis de la banlieue de Los Angeles. Les courts sont jonchés de seringues souillées et de bris de bouteilles. Cela n'entame pas la détermination des deux sœurs. Venus remporte ses premiers tournois à 13 ans. En 1997, alors qu'elle n'a que 17 ans, elle dispute sa première finale d'un tournoi du Grand chelem à l'US Open.

Serena suit également une ascension fulgurante. Entre 1998 et 2003, Venus remporte quatre tournois du Grand Chelem. Serena en gagne six... dont cinq contre sa sœur ! Sur la seule année 2002, Serena bat Venus en finale de Roland Garros, Wimbledon et US Open.

Serena raconte sa relation avec sa sœur : « J'ai joué pour la première fois en Grand chelem contre ma sœur à l'Open d'Australie en 1998. Ce fut le vrai tournant de ma carrière. J'ai détesté perdre, et dans le même temps je m'en fichais car le match a renforcé ma motivation. Cela annonçait mon vrai début. Venus a toujours été là pour mettre la barre le plus haut possible pour nous deux. Venus était ce que je voulais devenir, elle était comme la projection future du meilleur de moi-même. Un jour, une journaliste est venue me voir. Elle avait calculé le nombre de matchs que j'avais joué contre ma sœur et s'était renseignée sur l'historique de nos rencontres. Elle m'a demandé combien de matchs supplémentaires j'aurais gagné si Venus n'était pas là. J'ai répondu "aucun". Ce n'est pas vraiment la réponse que la journaliste attendait. Je lui ai expliqué que Venus avait toujours été un facteur motivant pour moi. Observer Venus m'a beaucoup aidée. Dès son premier tournoi, je prenais des notes dans ma tête. Quand elle perdait, je perdais aussi, et quand elle gagnait, je gagnais aussi. Quand on regarde le palmarès, on constate que Venus me bat souvent. Elle m'a battue en finale de l'US Open en 2001 et en finale de Wimbledon en 2008. Donc bien sûr, sans elle j'aurais deux titres supplémentaires dans la poche. Mais je refuse de penser de cette façon, je préfère me demander : "Serais-je allée si loin sans elle ?" »

Malgré la compétition, les sœurs Williams restent très proches. Elles ont lancé ensemble une ligne de vêtements. En double, entre 1999 et 2013, elles ont remportés treize tournois du Grand chelem. Quand elles ne sont pas concurrentes, elles deviennent des partenaires redoutables.

Décryptage

Les sœurs Williams obtiennent des résultats exceptionnels. Elles sont animées par une rage de vaincre qui provient de leur volonté farouche de sortir de la misère. La réussite de l'une encourage celle de l'autre.

Pour renforcer la performance de leurs équipes, plusieurs entreprises cherchent à reproduire ce schéma. Chez Pernod Ricard, les commerciaux Pernod sont en compétition avec les commerciaux Ricard. Au sein du groupe PSA, les équipes Peugeot sont en compétition avec les équipes Citroën. Amazon était au départ un site de commerce en ligne. Mais au début des années 2000, Jeff Bezos, le fondateur d'Amazon, décide de le transformer en place de marché sur laquelle le client pourra également acheter les produits de la concurrence. Les salariés d'Amazon se mettent en colère : autant se tirer une balle dans le pied ! Mais pour Bezos, cette concurrence interne sera bénéfique aux clients, donc à l'entreprise. Le succès d'Amazon lui a donné raison.

Moralité

Pour renforcer la performance de votre équipe, créez l'émulation.

Quatre conseils pour renforcer la performance de votre équipe

1. Choisissez un style de management adapté

La performance d'un collaborateur est le produit de sa compétence et de sa motivation. On ne manage pas de la même façon selon la situation. Paul Hersey et Ken Blanchard, deux auteurs américains, sont à l'origine d'une théorie qui fait référence depuis 30 ans : le management situationnel. Hersey et Blanchard invitent à choisir son style de management en fonction de la réponse à deux questions : les collaborateurs sont-ils compétents ? Les collaborateurs sont-ils motivés ? Par exemple, avec des collaborateurs peu compétents mais motivés, le manager viendra simplement en appui technique. À l'inverse, avec des collaborateurs compétents mais peu motivés, le manager se focalisera sur l'atteinte des objectifs. Si la finalité est toujours la même – développer la motivation et la compétence –, les moyens d'y parvenir varient selon la situation.

2. Installez la confiance et n'ayez pas peur du conflit

Patrick Lencioni est l'auteur de *Cinq dysfonctionnements d'une équipe*. Dans ce livre, il montre que la confiance est un pilier fondamental. Pour Lencioni, le conflit n'est pas nécessairement néfaste, bien au contraire. La confrontation d'idées au sein d'une équipe est la preuve que la confiance est installée, que chacun peut s'exprimer sans craindre le jugement des autres. Il n'est rien de pire qu'une harmonie de façade. Lorsque la confiance règne dans une équipe, ses membres admettent leurs erreurs et leurs faiblesses et n'hésitent pas à demander de l'aide. Ils apprécient les compétences et l'expérience de chacun et en tirent parti. Personne n'est parfait ; il faut donc inciter les membres de votre équipe à parler de leurs propres imperfections et de celles des autres. Même si cela doit générer des tensions.

3. Sachez fixer des objectifs

Votre équipe ne sera performante qu'à la condition qu'elle comprenne ce que vous attendez d'elle. Posez la question pour vous-même : connaissez-vous vos propres objectifs ? Vous semblent-ils pertinents ? Un manager doit savoir décliner la stratégie en objectifs. Cet exercice n'est pas aussi simple qu'il n'y paraît. Peter Drucker, professeur de management, est à l'origine d'un moyen mnémotechnique bien connu. Un objectif doit être SMART (spécifique, mesurable, ambitieux, réaliste, temporellement défini). Il donne deux autres conseils : n'imposez jamais un objectif, celui-ci doit être le résultat d'une négociation entre le collaborateur et son manager ; construisez en équipe les objectifs collectifs.

4. Renforcez la cohésion d'équipe

Le dialogue et la compréhension mutuelle sont les facteurs clés de succès d'une équipe. Offrez à votre équipe des moments informels consacrés au seul team building. Pour renforcer la cohésion, posez deux questions à chacun : qu'apportes-tu au groupe ? Qu'attends-tu du groupe ? Attendez-vous à des surprises : souvent, la somme des attentes n'est pas couverte par la somme des apports. Dans une grande entreprise, une équipe s'est réunie en groupes de travail autour de ces deux questions. Les participants ont tous répondu « apporter de l'expertise » et « attendre de l'écoute ». Mettre en évidence cette dissonance (tout le monde veut être écouté mais personne ne prévoit de le faire !) a permis à l'équipe de mesurer le chemin qu'elle avait à parcourir, collectivement, pour atteindre la performance.

Par où commencer ?

Êtes-vous satisfait de la performance de votre équipe ?

....

....

....

....

Quels sont les leviers d'action, à votre niveau, qui aideront votre équipe à progresser ?

....

....

....

....

Pour aller plus loin : Patrick Lencioni, *Optimisez votre équipe. Les cinq dysfonctionnements d'une équipe*, Un monde différent, 2006

Sur le thème « Renforcer la performance de l'équipe », voir aussi les leçons 8, 12 et 44.

Pourquoi les dirigeables Zeppelin ont-ils fait faillite en pleine gloire ?

#échec #résilience #Retourd'Expérience

Avant-guerre, le transport par dirigeable était promis à un bel avenir. Rapide, silencieux, confortable et beaucoup plus sûr que l'avion, le dirigeable était le moyen de transport du futur. Les dirigeables de la société allemande Zeppelin étaient les plus appréciés. Mais cette belle aventure s'est arrêtée brutalement.

Les dirigeables Zeppelin sont une fierté de l'industrie allemande. En 1928, Zeppelin ouvre en grande pompe la première ligne régulière transatlantique. C'est l'aboutissement de vingt années de croissance ininterrompue. Les dirigeables Zeppelin relient déjà toutes les grandes villes d'Allemagne. Désormais, ils relieront Berlin à New York en deux jours seulement, sept fois moins que les paquebots !

Dans les années 1930, les nazis utilisent les dirigeables comme outil de propagande à la gloire de la puissance allemande. Quoi de plus beau qu'un immense dirigeable allemand au-dessus de New York ! Les nazis demandent donc à Zeppelin de construire le plus long dirigeable de tous les temps, le *Hindenburg*. Il est presque aussi long que le *Titanic*.

Le 6 mai 1937, lors de l'atterrissage à New York, c'est la catastrophe. Le *Hindenburgh* s'enflamme. Il part en fumée en 32 secondes seulement, sous les yeux des caméras ! Les nazis décident d'étouffer l'affaire. Ils ne mènent aucune enquête et interdisent toute communication sur le drame. Ils font comme si l'accident n'avait pas existé.

Mais les clients, eux, n'oublient pas si vite. La confiance s'est envolée, les ventes de billets sont en chute libre et Zeppelin fait faillite en deux ans seulement. Après la guerre, les dirigeables sont remplacés par les avions de ligne. Qui sont pourtant, au début, beaucoup moins sûrs !

On sait aujourd'hui que l'accident du *Hindenburg* était dû au fait que le dirigeable était rempli d'hydrogène, gaz hautement inflammable. Il aurait suffi de remplacer l'hydrogène par de l'hélium pour empêcher que l'accident ne se reproduise. La décision des nazis de ne pas mener l'enquête a tué l'entreprise.

Décryptage

En France, 280 000 entreprises sont lancées chaque année. Et 60 000 font faillite en moins d'un an. L'échec est une réalité sans laquelle il ne peut y avoir d'entreprise : chaque initiative est une prise de risque. « Peu tournée vers l'entrepreneuriat, la société française n'aime ni la réussite ni l'échec, considérés comme honteux, quand les Américains y voient une source de progrès », déplore Philippe Rambaud qui préside l'association 60 000 rebonds.

Quel que soit notre métier, nous pouvons tous connaître des échecs, des accidents. Notre tendance naturelle nous pousse à passer à autre chose, le plus vite possible. Ne le faites pas. L'échec est la première source d'enseignement. Pour le philosophe Charles Pepin, « l'échec est la voie de la réussite ». Encore faut-il l'accepter comme tel !

L'histoire de Zeppelin est un naufrage. Cette entreprise pionnière et florissante a sombré après son premier accident de parcours. Certes, c'était un accident dramatique. Mais quelle entreprise n'en a pas connu ? De la crise du benzène chez Perrier à Jérôme Kerviel à la Société Générale en passant par les moteurs truqués de Volkswagen ou les affaires de corruption chez Siemens, la guerre économique laisse forcément des victimes. L'erreur des dirigeants de Zeppelin a été de chercher à étouffer l'affaire : en externe, les clients ne sont pas dupes ; en interne, l'absence de remise en question empêche le progrès.

Alan Lafley, PDG de Procter & Gamble, raconte que « 80 % de nos nouveaux produits échouent. Mais grâce au travail d'analyse effectué sur ces erreurs, les 20 % restants permettent à l'entreprise de très bien se porter ». Ne passez pas à côté de cette formidable possibilité d'apprentissage.

Moralité

Tirez les enseignements de vos échecs !

Quatre conseils pour tirer profit de vos échecs

1. Dédramatisez

L'échec est une remise en cause personnelle. On a appris à peu en parler. C'est même parfois un tabou. Dédramatisez. Faites la différence entre l'échec de votre projet et votre échec personnel. Prenez de la distance avec ce qui vous arrive. Le dirigeant parfait qui n'aurait jamais échoué est un mythe. Regardez autour de vous : ceux qui vous dirigent ont probablement échoué de nombreuses fois avant d'arriver là où ils sont. En tant que manager, vous avez d'ailleurs un rôle d'exemplarité. Soyez lucide. Parlez de vos insatisfactions, de vos erreurs, reconnaissez votre responsabilité et montrez que l'échec ne vous arrête pas, au contraire.

2. Développez votre résilience

La résilience est la capacité à dépasser une situation complexe et difficile en mobilisant l'ensemble de ses ressources. Les psychologues montrent que le processus passe par plusieurs phases contradictoires : le déni (le lancement du produit se passe mal mais les ventes finiront pas décoller) ; le choc (le produit n'est plus référencé en magasin) ; la colère (ce déréférencement est inacceptable !) ; le rejet (c'est la faute des patrons de magasins, ils refusent toute nouveauté) ; l'acceptation (j'ai sans doute une part de responsabilité). Prendre conscience de ce processus vous aidera à l'accélérer et surtout le conduire à son terme : s'arrêter sur la colère ou le rejet vous laisserait durablement en position de victime.

3. Menez un véritable retour d'expérience

Charles Pepin prend l'exemple du presse-agrume électrique. « Lorsqu'il marche, vous ne vous posez aucune question : vous posez votre demi-orange, appuyez sur un bouton et récoltez votre jus. C'est le jour où il ne marche pas que vous commencez à vous intéresser à lui : vous le touchez, le retournez, le démontez – c'est le jour où il ne marche plus que vous commencez à comprendre comment il marche. » Tirer la leçon de vos échecs doit suivre une démarche structurée, analytique. Veillez à ne pas oublier les facteurs humains. Malgré les leçons que la Nasa a tirées de l'explosion de la navette spatiale *Challenger*, elle n'a su éviter l'explosion de *Columbia*. Comme dans 80 % des accidents industriels, l'erreur était humaine (l'autorisation de décollage a été donnée malgré les alertes des techniciens). C'est un aspect qui avait été sous-estimé par la Nasa dans son analyse. Tenez compte des facteurs humains dans votre retour d'expérience.

4. Tirez des enseignements des échecs... des autres !

Olivier Sibony est directeur associé du cabinet McKinsey. Il montre que les entreprises et les organisations se comparent souvent entre elles avec l'objectif de copier leurs « bonnes pratiques ». Il conseille de s'intéresser également aux échecs. Ceux-ci sont généralement dus à des biais cognitifs ayant entraîné de mauvaises décisions. « Par exemple, l'excès de confiance conduit à se considérer comme supérieur à la moyenne. Ce travers inspire parfois des plans grandioses… où l'on néglige d'anticiper la réaction des concurrents ! Le biais de confirmation, lui, nous amène souvent, face à un problème complexe, à “reconnaître” une situation déjà vécue… en négligeant les différences qui rendent notre expérience dangereusement inadaptée. Le *groupthink*, ou tendance d'un groupe à s'aligner sur une position commune (souvent celle du dirigeant), accentue les erreurs individuelles. Étudier ces biais, c'est se donner la possibilité de les reconnaître chez les autres afin de les éviter pour soi-même ! »

Par où commencer ?

Quand avez-vous échoué pour la dernière fois ?

....

....

....

....

Quels enseignements en tirez-vous ?

....

....

....

....

Pour aller plus loin : Olivier Sibony, *Réapprendre à décider*, Débats publics, 2015

Sur le thème « Piloter la performance », voir aussi les leçons 7, 11, 28 et 39.

Comment Estée Lauder a-t-elle bâti son empire sans investir un centime ?

#négociation #vente #pugnacité

Estée Lauder est l'une des plus grandes fortunes d'Amérique. L'entreprise de cosmétique qu'elle fonda et dirigea connu un succès fulgurant. Sa particularité : elle ne possède aucun lieu de vente. Ses cosmétiques sont distribués uniquement dans les grands magasins, avec lesquels elle négocie des conditions drastiques.

Fille d'immigrés hongrois, Estée Lauder se marie jeune, s'occupe de son mari et de son enfant comme beaucoup de femmes de l'époque dans la bonne société new-yorkaise. Grâce à un oncle chimiste, elle découvre le pouvoir bienfaisant des crèmes pour le visage et monte un petit commerce. Elle vend ses crèmes dans le salon de coiffure où elle va régulièrement se faire coiffer. Son affaire remporte un joli petit succès auprès des clientes du salon.

Nous sommes en 1946. Estée Lauder a 40 ans. Lors d'une soirée mondaine, elle rencontre le directeur du grand magasin Saks. Elle remarque sa peau abîmée et lui prescrit une de ses crèmes. Le remède donne des résultats remarquables. Il lui envoie alors sa fille qui a, elle aussi, le visage couvert de boutons. À nouveau, la crème d'Estée Lauder fait des miracles.

Estée Lauder pousse son avantage et demande un rendez-vous avec le directeur. Le grand magasin Saks trône sur la 5e Avenue de New York. Elle veut y avoir un stand pour vendre ses crèmes. Le directeur refuse : pourquoi confier cet espace si précieux à une parfaite inconnue ? Estée Lauder est tenace. Le directeur finit par accepter et lui accorde un petit stand proche de la porte d'entrée.

Mais cela ne suffit pas à Estée Lauder. Elle ne veut pas d'un stand dans les courants d'air, mais un stand au chaud, bien au milieu du magasin. Ses vendeuses seront recrutées par elle et non par le magasin comme à l'accoutumée. Elle choisira également leur tenue. Enfin, elle demande l'accès à la base de données clients et négocie avec le directeur qu'un mot personnalisé leur soit envoyé : « Saks 5e Avenue est fier de présenter la ligne de cosmétiques Estée Lauder, désormais disponible dans nos rayons. »

Estée Lauder remet aux clientes passant devant son stand un échantillon gratuit de ses crèmes. Celles qui s'en servent sont tentées d'en acheter. Cela les fait revenir chez Saks. Le magasin en tire profit et fait taire les marques concurrentes qui voyaient d'un mauvais œil s'installer un nouveau stand à quelques mètres du leur.

D'autres accords du même type sont signés avec des grands magasins américains et européens : Neiman Marcus à Dallas, Harrods à Londres, les Galeries Lafayette à Paris. Estée Lauder s'implique personnellement dans toutes les négociations. Elle participe à toutes les inaugurations. Elle n'a pas son pareil pour glisser un échantillon dans les mains des stars et des journalistes. Et à chaque fois, le succès est au rendez-vous.

Décryptage

En 2015, le World Economic Forum (WEF) de Davos a répondu à la question suivante : quelles sont les compétences nécessaires pour être un leader ? Le WEF s'y connaît en leadership : il réunit chaque année les plus grands leaders du monde économique et politique. Selon le WEF, un leader doit prioritairement savoir résoudre des problèmes complexes, avoir l'esprit critique, se coordonner avec les autres, gérer les talents. On s'y attendait. Puis l'étude apporte un enseignement moins classique : un leader doit savoir négocier.

La vie en entreprise est faite de négociations permanentes : pour vendre un projet, pour demander un délai, pour faire accepter une mission par un collaborateur, pour obtenir une augmentation, pour obtenir un poste, etc.

Moralité

Si vous estimez que votre demande est légitime, négociez pour l'obtenir.

Estée Lauder est une source d'inspiration. La négociation nécessite du courage. Alors qu'elle est dans une position de faiblesse vis-à-vis du directeur de magasin, Estée

Lauder ose lui faire part de ses exigences. Pourquoi ? Car elle est convaincue de la qualité de ses produits, de l'intérêt que lui et ses clients peuvent y trouver. Ce qui la pousse n'est pas l'intérêt personnel mais le bénéfice pour tous.

Quatre conseils pour négocier

1. Mettez-vous dans les chaussures de votre interlocuteur

Laurent Combalbert, ancien du RAID, est aujourd'hui négociateur de crise. Il intervient régulièrement en entreprise. Son conseil principal est de comprendre son pouvoir de négociation, fondamental lorsqu'il s'agit de négocier avec des ravisseurs. Notre tendance naturelle est de sous-estimer notre place dans le rapport de force. Or, notre position est souvent beaucoup plus favorable qu'il n'y paraît, même lors d'une négociation de crise. Pour vous en convaincre, mettez-vous dans la tête de votre interlocuteur. Si vous vous apprêtez à négocier une augmentation de salaire, imaginez-vous être le patron. Vous réaliserez que, vu de sa position, il est probablement préférable de vous accorder une augmentation raisonnable que de vous démotiver en refusant. Vous sortirez reboosté de l'exercice.

2. Prenez le contrôle de la discussion

Quel est le profil du vendeur B2B efficace ? Le cabinet CEB a étudié les résultats de centaines de vendeurs : des « relationnels », des « travailleurs », des « chasseurs », des « *problem solvers* » et des « challengers ». Ce sont ces derniers qui sont de loin les plus efficaces. Qu'est-ce qu'un challenger ? C'est un vendeur qui ne se satisfait pas de ce que lui dit son client. Les auteurs de l'étude expliquent les trois compétences de ces vendeurs très efficaces :

teach, taylor, take control. Teach : votre interlocuteur doit toujours sortir de la conversation avec vous en ayant appris quelque chose (sur le marché, la concurrence, etc.). *Taylor* : la négociation est la recherche d'un compromis dans lequel chacun s'estime gagnant, ce qui suppose que le vendeur adapte son discours au point de vue de son client. *Take control* : alors que 80 % des discussions commerciales ne débouchent sur aucune vente, le vendeur doit faire preuve d'assertivité pour emmener son interlocuteur vers une conclusion.

3. Recherchez le gagnant-gagnant

Les négociations sont permanentes à l'intérieur de l'entreprise. Une négociation interne doit obligatoirement aboutir à une situation gagnant-gagnant car les protagonistes sont liés dans la durée. La recherche du gagnant-gagnant est un exercice difficile qui nécessite de bien comprendre à quelles conditions votre interlocuteur se considérera comme « gagnant ». La COP 21 qui s'est tenue à Paris en décembre 2015 est considérée comme un exemple d'accord gagnant-gagnant : 184 pays l'ont signé. La méthode de négociation utilisée, nommée Indaba, provient des tribus zouloues d'Afrique du Sud. Trois règles simples : chacun s'exprime pour lui-même (au contraire du classique « ce que vous voulez dire, c'est probablement que… ») ; chacun explique d'emblée ses attentes et ses « lignes rouges » à ne pas franchir ; lorsqu'on formule une objection, on formule également une contre-proposition. Cette méthode est parfaitement adaptée aux situations de coopération en entreprise.

4. Soyez bon perdant

Dans une négociation, on n'obtient pas toujours ce que l'on veut. Un client peut finalement choisir l'offre d'un concurrent. Votre patron peut finalement vous refuser l'augmentation que vous lui demandiez. Veillez à maintenir la qualité de la relation. Vous n'avez aucun intérêt à partir fâché et à transformer le désaccord en conflit. Au contraire. En vous montrant bon perdant dans la défaite, vous donnerez envie à votre interlocuteur de vous solliciter à nouveau. Les relations humaines sont faites d'échanges. Si cette fois-ci vous avez « donné sans recevoir », votre interlocuteur cherchera de lui-même à rétablir l'équilibre la fois suivante.

Par où commencer ?

Sur quoi pourriez-vous vous entraînez à mener une négociation ?

....

....

....

....

Pour aller plus loin : Matthew Dixon, *The Challenger Sale: Taking Control of the Customer Conversation*, Portfolio Penguin, 2013

Sur le thème « Développer son activité », voir aussi les leçons 20, 36 et 40.

Que nous apprend la mort stupide de Youri Gagarine ?

#ExcèsDeConfiance #BiaisCognitif #humilité

Youri Gagarine, le premier homme à avoir effectué un vol dans l'espace, connut une fin désolante. Il pilotait un avion de chasse pour la première fois de sa vie, et il s'est crashé. Contre l'évidence, la propagande soviétique faisait de lui un as du pilotage. Il avait sans doute fini par le croire lui-même.

Le 27 mars 1968, Youri Gagarine trouve la mort dans une banale séance d'entraînement. Il suit depuis plusieurs mois un programme de formation au pilotage, une reconversion logique pour un ancien cosmonaute. Bien qu'il ne soit toujours pas autorisé à voler seul, il demande à son instructeur de prendre les commandes. Quelques minutes après le décollage, Gagarine informe les contrôleurs aériens qu'il modifie son plan de vol. Ce sera sa dernière communication.

Il faudra plusieurs années au pouvoir soviétique pour admettre que le crash est dû à « une manœuvre brusque et inexpliquée du pilote ». Difficile d'admettre que la mort de Gagarine vient d'une grossière erreur de pilotage. Il est un héros national soviétique qui a servi la propagande communiste dans le monde entier. Le sourire de Gagarine s'affiche dans les écoles de tout le bloc de l'Est. Mais quel est son exploit au juste ?

En 1959, l'URSS lance le programme de sélection des futurs cosmonautes. Youri Gagarine, 25 ans, fait partie des 3 000 candidats. Il subit des tests physiques et s'en sort mieux que les autres. Sa personnalité est très appréciée. Le psychologue le décrit comme quelqu'un de « simple, modeste, rapide et persévérant ». Il ne mesure que 1,58 mètres, ce qui est un atout étant donné l'exiguïté de la capsule *Vostok*. Le président Nikita Khrouchtchev est sollicité pour départager les deux derniers candidats. Il choisit Gagarine pour ses origines modestes : quelle publicité ce serait pour le communisme d'envoyer un fils d'agriculteur dans l'espace !

À partir de 1960, Gagarine subit un entraînement physique de choc, notamment en centrifugeuse, pour s'entraîner à encaisser l'accélération du décollage. Sur les seize vols d'entraînement du *Vostok*, huit se sont crashés. Gagarine n'a que 50 % de chance de revenir vivant de l'aventure. Cela ne réduit pas sa bonne humeur. La veille du vol, il passe une nuit sereine.

Le 12 avril 1961, Youri Gagarine devient le premier homme à aller dans l'espace. Le vol est entièrement automatique. Il lui est strictement interdit de toucher aux commandes. Pour éviter toute fausse manœuvre, elles sont verrouillées par un code secret qu'on lui remet dans une enveloppe à n'ouvrir qu'en cas d'urgence. Gagarine n'est pas le pilote de la capsule, mais son passager impuissant.

Lorsqu'il revient sur Terre, il est un héros. On loue sa bravoure et son sang-froid. On l'interroge sur les aspects techniques de la mission, dont il devient un spécialiste a posteriori. Au fil des ans, à force d'en parler, il finira par croire qu'il a lui-même conçu et piloté l'engin. Ce qui n'était pas le cas…

Décryptage

Youri Gagarine a été choisi pour cinq raisons : sa petite taille, ses origines modestes, sa force physique, sa personnalité agréable et sa résistance au stress. Ses capacités intellectuelles n'eut même pas été testées. Il a appris le pilotage sur le tard. Se trompant lui-même, Gagarine a pris les commandes d'un avion qu'il ne savait pas piloter.

L'excès de confiance est un biais cognitif qui guette de nombreux dirigeants. Entre 2008 et 2013, le chercheur anglais Copper a accompagné 3 000 créateurs d'entreprise. Au bout de cinq ans, la moitié d'entre eux avaient fait faillite. C'était prévisible : la durée de vie moyenne d'une entreprise est de cinq ans. Le problème, c'est que la plupart des créateurs d'entreprise ont du mal à l'admettre. Au début de l'étude, 33 % d'entre eux étaient sûrs « à 100 % » qu'ils allaient réussir. Assez logiquement, ce sont eux qui ont échoué le plus souvent. Aveugles aux signaux d'alerte, ils n'ont pas su redresser la barre. L'excès de confiance les a menés à l'échec.

Moralité

Pour éviter les échecs, restez réalistes quant à vos capacités.

Quatre conseils pour développer votre humilité

1. Conjuguez humilité et volonté

Jim Collins, professeur de management, a réuni une équipe de vingt personnes pour étudier 1 435 entreprises. Quelles sont celles qui ont su maintenir un niveau d'excellence pendant 15 ans et pourquoi ? Jim Collins montre que les entreprises les plus performantes sont dirigées par des personnes non seulement compétentes et efficaces, mais également dotées de grandes qualités humaines. Ces dirigeants se caractérisent par un mélange d'humilité et de volonté (Jim Collins appelle cela « le niveau 5 du leadership ») : humilité sur le plan personnel, volonté sur le plan professionnel. Les leaders de niveau 5 sont calmes et effacés, préférant attirer l'attention sur les autres membres de l'organisation que sur eux. Leur ambition est considérable, mais elle est avant tout tournée vers l'organisation.

2. Favorisez la contradiction

De nombreuses études montrent les effets néfastes de l'excès de confiance. Par exemple, en France, 90 % des automobilistes pensent qu'ils conduisent mieux que la moyenne. Cette absence d'humilité explique une grande part des accidents de voiture (« je sais que j'ai trop bu, mais je crois néanmoins pouvoir maîtriser mon véhicule »). Il n'est pas toujours facile d'accepter nos faiblesses. L'excès de confiance réduit notre capacité de remise en cause et donc la qualité de nos décisions. Imposez-vous la recherche de contradiction. L'investisseur américain Warren Buffet formule un conseil iconoclaste : « Lorsque vous hésitez à recruter une personne, demandez-lui qui, à part elle, serait le meilleur candidat. Beaucoup de gens répondront qu'aucun concurrent ne leur arrive à la cheville. Ne les prenez pas. Ne recrutez que des gens qui savent désigner un concurrent. L'humilité sur soi-même et la recherche de la contradiction sont indispensables pour prendre de bonnes décisions. »

3. Prenez du temps pour vous recentrer sur vous-même

Le Québécois Rémi Tremblay est le fondateur de La Maison des leaders de Montréal et l'auteur d'un livre inspirant : *J'ai perdu ma montre au fond du lac*. Que se passe-t-il quand votre montre tombe au fond d'un lac ? Vous fouillez avec votre main pour la retrouver. Mais cette agitation remue le fond de l'eau et soulève des particules qui viennent troubler la visibilité, compromettant vos chances de retrouver l'objet perdu. Rémi Tremblay utilise cette métaphore pour inviter les dirigeants à une méditation intérieure. En tant que dirigeant, vous avez le devoir – et pas seulement le droit – de prendre du temps pour vous. Évitez cette agitation qui vous empêche de voir clair en vous-même… et de retrouver votre montre !

4. Faites-vous coacher

La pratique de l'humilité, paradoxalement, n'est pas une preuve de faiblesse, mais une marque de courage. Il est plus facile pour un leader de se murer dans sa tour d'ivoire que d'écouter sincèrement ses collaborateurs et de reconnaître ses erreurs. Dans les entreprises qui associent encore leadership et invincibilité, le coaching est perçu négativement. D'autres ont su inverser la tendance. Chez un grand constructeur automobile, en cinq ans, le nombre de dirigeants coachés a été multiplié par dix. La preuve que l'entreprise a su installer une culture d'humilité. Le coaching est même devenu à la mode ! Chacun a désormais conscience de ses capacités de progrès et prend en main son propre développement. Le métier de dirigeant est l'un des plus difficiles du monde, il est temps que ceux qui l'exercent en soient conscients !

Par où commencer ?

Quels sont vos principaux axes d'amélioration ?

....

....

....

....

Où trouver les ressources pour vous aider à être encore meilleur ?

....

....

....

....

Pour aller plus loin : Remi Tremblay, *J'ai perdu ma montre au fond du lac. Retrouver la tranquillité*, Transcontinenta, 2001

Sur le thème « Savoir décider », voir aussi les leçons 6, 15, 37 et 43.

Pourquoi dit-on des Daft Punk qu'ils sont de redoutables chefs d'entreprise ?

#2.0 #digital

Daft Punk est le groupe de musique français le plus célèbre du monde. Ce groupe de musique électronique est aussi le groupe français le plus riche, avec une fortune estimée à 100 millions d'euros. Leur façon de faire du business est la principale raison de cette fortune.

Daft Punk, c'est Thomas Bangalter et Guy Manuel de Homen Christo. Thomas Bangalter baigne dans le monde musical depuis son enfance. Son père, Daniel Bangalter, est l'auteur du tube des années 1970 « Disco – D.I.S.C.O ». Le jeune Thomas a grandi entouré de musique, de musiciens… et de businessmen. Car à cette époque déjà, la musique est une affaire de gros sous. Exactement ce dont Thomas ne veut pas.

En 1995, les Daft Punk donnent leur dernière interview à visage découvert (ils adopteront ensuite un casque qu'ils mettront lors de toutes leurs apparitions publiques). « Nous n'avons sorti qu'un seul disque et nous avons déjà reçu des fax du Danemark, de Suède, d'Espagne, du Japon, de New York. C'est très amusant. Ça montre qu'il y a un public et des gens qui sont intéressés par la musique underground techno. On peut atteindre des gens à l'autre bout de la Terre en faisant des trucs dans notre chambre. » Les Daft Punk n'ont pas de maison de disques. À l'inverse de la plupart des groupes, ils ont choisi de s'en passer. Et cela change tout.

Sans maison de disques, les Daft Punk se permettent toutes les libertés. Début 2011, ils se mettent au travail pour un cinquième disque. Comme les précédents, ce disque est autoproduit : les Daft Punk investissent 1 million de dollars de leur poche. Ils changent radicalement de style, délaissant l'électro pour le funk. Ils embauchent les meilleurs musiciens contre leur promesse qu'ils ne diront rien du disque en préparation. L'enregistrement se fait dans le plus grand secret. Début 2012, le disque est terminé. Mais les Daft Punk ne se précipitent pas. Pendant 18 mois, ils diffusent de cours extraits sur leur page Facebook. La communauté des fans vit une attente insoutenable, d'autant que les extraits laissent penser qu'il s'est passé quelque chose dans la musique des Daft Punk. Pourquoi des musiciens funk sur un disque électro ? La liste des followers s'allonge de mois en mois.

À l'été 2013, le disque *Random Access Memories* est enfin lancé. Les fans se ruent sur l'album. Sans aucune publicité autre que les réseaux sociaux, l'album se retrouve en tête des ventes. « Get Lucky » est le tube de l'été, il tourne en boucle dans les boîtes de nuit de Bangkok à New York. Après le buzz vient la consécration du milieu musical. Les professionnels attribuent à l'album cinq

Grammy Awards dont celui de meilleur album de l'année. Aucun musicien français n'avait eu un tel honneur. Le jury des Grammy Awards récompense des qualités musicales, mais aussi et surtout une nouvelle façon de faire de la musique.

Décryptage

Les Daft Punk sont à l'image de leur musique. Leur histoire montre comment le digital bouscule les situations établies.

Sur vingt artistes, un seul est vraiment rentable. Dans les années 2000, les maisons de disques ont succombé à la tentation de la rentabilité à court terme en ne gardant que les artistes lucratifs. C'était une erreur. Les jeunes artistes issus du monde digital ont appris à se passer d'elles. Dans le secteur de la musique comme dans celui du transport, de l'hôtellerie ou de la banque, le digital permet la désintermédiation. Le producteur s'adresse directement aux consommateurs via les réseaux sociaux. Il peut ainsi augmenter ses marges. Alors que les Daft Punk ont fait fortune, plusieurs maisons de disques sont aujourd'hui en faillite.

Bruno Mettling, ancien DRH d'Orange, est l'auteur d'un rapport remarqué sur le digital. Il explique que « le contrat de travail est défini par quatre éléments : la rémunération (c'est le seul sujet que le numérique ne bouscule pas) ; le lieu de travail, qui peut être désormais la maison, le train, etc. ; le temps de travail, bouleversé

Moralité

Le digital, ce n'est pas seulement un nouvel outil, c'est une nouvelle façon de penser l'entreprise.

par les écrans et les tablettes ; et le lien de subordination : de plus en plus, les entreprises fonctionnent en mode projet et leurs salariés changent fréquemment de responsable. Le digital affecte le travail dans son ensemble. »

Quatre conseils pour manager à l'ère digitale

1. Assurez-vous de maîtriser les technologies

En tant que manager, votre premier devoir est l'exemplarité. Face à la transformation digitale de l'économie, maîtrisez les outils digitaux. Soyez présent sur les réseaux sociaux, contribuez, expérimentez. En janvier 2016, 28 000 salariés d'Orange et 23 000 de la SNCF avaient un profil LinkedIn. C'est bien. Mais cela ne représente que 15 % des effectifs ! Les grandes entreprises, moins confrontées à l'externe, sont souvent moins digitales. Cela ne facilite pas la montée en compétence de leurs collaborateurs. Pour vous tenir à la page, soyez en veille permanente sur l'extérieur. Jouez le jeu du digital.

2. Adoptez un mode de travail collaboratif

De nombreuses études montrent que le phénomène digital a profondément transformé les méthodes de travail, notamment par l'avènement du collaboratif. Le succès de Daft Punk tient autant à la qualité de sa musique qu'à sa capacité à animer une communauté de fans. Le cabinet McKinsey a calculé qu'un « col blanc » passe 65 % de son temps à communiquer avec d'autres, en particulier par e-mail. L'utilisation d'une plateforme collaborative permet de réduire ce temps et d'améliorer la productivité de 20 à 25 %. C'est l'une des raisons pour lesquelles de nombreuses entreprises implémentent des plateformes internes (Orange, Axa, etc.). Avec ou sans outil collaboratif, veillez à associer largement et à favoriser le dialogue au sein de votre équipe.

3. Positionnez-vous en animateur de communauté

Comme le souligne une étude du cabinet Roland Berger, « les nouveaux modes de travail remettent en question le rôle du manager traditionnel, principalement orienté vers le contrôle des moyens. L'autonomie conférée par les outils numériques implique le basculement vers une culture du résultat, soutenue par la définition partagée d'objectifs. Dans cette configuration, le manager est moins celui qui sait que celui qui anime. » C'est une remise en question profonde du rôle du manager. Par exemple, la SSII Atos a revu la forme de ses organigrammes : le manager n'est plus en haut de la feuille, mais au milieu. Comme dans une organisation traditionnelle, le manager est en charge de la production de son équipe. Mais sa place a profondément évolué. Il trouve sa légitimité non dans son savoir (personne ne détient seul l'information), mais dans sa capacité à apporter une aide utile. Le manager est désormais un animateur.

4. Formez vos équipes au numérique

Le basculement dans l'ère numérique est le principal défi que les entreprises ont à relever. Leur niveau de maturité reste faible. Gilles Babinet est l'auteur d'une évaluation annuelle de la maturité digitale des entreprises du CAC 40. En 2015, AXA arrive en tête. Ce résultat n'est pas le fruit du hasard. L'assureur multiplie les initiatives destinées à associer ses 150 000 salariés à la transformation numérique. De la formation de trois jours au e-learning d'une demi-heure, tout est fait pour renforcer l'agilité numérique des collaborateurs. En octobre 2015, 35 % des effectifs avaient déjà participé à une session de formation. En tant que manager, quel que soit votre métier et votre appétence personnelle pour le sujet, préparez vos équipes à cet enjeu.

Par où commencer ?

Quelle est votre propre maturité digitale ?

....

....

....

....

Comment la renforcer sans attendre ?

....

....

....

....

Pour aller plus loin : Bruno Mettling, *Transformation numérique et vie au travail*, ministère du Travail, de l'Emploi, de la Formation professionnelle et du Dialogue social, 2015

Sur le thème « S'adapter à un monde en transformation », voir aussi les leçons 19 et 50.

Pourquoi Skype a-t-il été inventé en Estonie ?

#créativité #InnovationFrugale

Skype, le logiciel permettant de passer des appels vidéo par Internet, n'est pas né dans la Silicon Valey. Il a été inventé dans un pays où les infrastructures téléphoniques ne suffisaient plus à répondre à la demande : l'Estonie.

Nous sommes en 2003 en Estonie. Ce pays balte se prépare à faire son entrée dans l'Union européenne. La capitale, Tallinn, ne compte que 400 000 habitants. Ahti Heinla, Priit Kasesalu et Jaan Tallinn sont des passionnés d'informatique. Aucun n'a encore fêté son trentième anniversaire. Pourtant, ils sont déjà célèbres dans leur pays.

Deux ans auparavant, Ahti, Priit et Jaan ont lancé le logiciel Kazaa qui permet l'échange de fichiers musicaux entre ordinateurs. Le logiciel ne fait que mettre les ordinateurs en contact les uns avec les autres, sans héberger de contenu. Cela lui permet de déjouer temporairement les lois sur la protection du droit d'auteur. Mais les maisons de disques attaquent Kazaa en justice.

Courir les palais de justice n'intéresse pas beaucoup les jeunes gens. Ils abandonnent Kazaa et partent en recherche d'une nouvelle idée amusante. À Tallinn, l'activité n'est pas débordante et les occasions de rencontre assez limitées. Il y est difficile de trouver du matériel informatique, tout doit être importé de l'étranger. Les infrastructures de communication sont peu performantes. Bref, les conditions ne sont pas optimales et les trois amis envisagent de partir s'installer en Californie.

L'aventure Kazaa a permis aux Estoniens de se faire des amis dans le monde entier. Ils leur racontent leurs problèmes avec la justice, les difficultés à trouver du matériel, l'ennui à Tallinn. La mauvaise communication téléphonique les agace. « Et si on communiquait plutôt par le réseau Internet ? » En quelques semaines, ils développent un logiciel très simple qui permet de convertir la voix en paquets de données numériques et de les transmettre par Internet. Ils l'appellent Sky peer-to-peer. Il deviendra Skype et adoptera un nuage pour logo. Skype nécessite très peu de ressources : il fonctionne sur n'importe quel ordinateur, même très peu puissant. Les données ne sont pas stockées, donc aucun serveur n'est nécessaire. Enfin, il se satisfait d'une bande passante très faible. Skype marche parfaitement en Estonie… donc partout ailleurs !

« Avec Skype, nous lançons la compagnie téléphonique du futur », déclarent-ils. Ils avaient raison. Trois ans plus tard, eBay rachète la petite pépite pour 2,6 milliards de dollars : une poignée de développeurs estoniens gèrent alors depuis leur bureau de Tallinn une cybercommunauté de 115 millions d'utilisateurs.

Décryptage

« Peux-tu faire plus avec moins ? » De nombreux managers reçoivent ce type d'instruction déstabilisante. L'innovation frugale apporte des réponses, comme on l'observe avec Skype. Lorsque l'entreprise estonienne lance son service de téléphone peer-to-peer en 2003, de grandes entreprises informatiques américaines sont en train de développer leur propre application. Par exemple, chez Microsoft, des centaines de développeurs s'activent pour concevoir MSN Messenger. Ironie de l'histoire, huit ans plus tard, le géant informatique rachète Skype à eBay pour compenser… l'échec de MSN. Skype a réussi là où Microsoft a échoué. Pourquoi ?

La force de Skype a été de transformer une contrainte – la rareté des ressources – en opportunité. L'abondance de moyens chez Microsoft a généré une déperdition d'énergie qui a conduit MSN à l'échec. De nombreuses innovations racontent la même histoire. En 1942, le peintre Matisse a 73 ans. Très diminué, il ne se déplace plus qu'en fauteuil roulant. Ses mains tremblent trop pour tenir un pinceau. Mais sa créativité est intacte. Il décide de peindre de grandes feuilles puis les découpe aux ciseaux. Ça, il peut le faire. Puis il les assemble et les colle pour former des corps noirs dansant sur un fond bleu. Ce sera la série « Jazz », l'une de ses plus célèbres.

Moralité

La contrainte est source de créativité.

Quatre conseils pour être créatif

1. Ne cherchez pas à résoudre les problèmes, mais à les utiliser

« Deux petites souris tombent dans un seau de crème. La première souris abandonne et se noie. La seconde se débat tellement fort qu'elle change la crème en beurre et s'en sort. » Cette histoire guide le héros du film *Catch me if you can*, bien décidé à échapper à toutes les difficultés que la vie a mis sur sa route. Fouillez dans votre mémoire. Vous y trouverez probablement de nombreuses situations où une contrainte s'est transformée en opportunité. Pourtant, notre premier réflexe face à un problème est souvent de chercher à le résoudre. En 2010, lors de l'éruption du volcan Eyjafjöll, de nombreux voyageurs se sont retrouvés coincés sans pouvoir prendre leur avion du retour. La plupart se sont démenés – parfois pendant des jours – pour trouver un autre vol ou pour emprunter un autre mode de transport. C'était pourtant une formidable opportunité de nouvelles rencontres et de découvertes. Domptez votre envie de faire disparaître les problèmes.

2. Apprenez une technique de créativité jusqu'à la maîtriser

Le jeu consiste à regarder un problème sous différents angles. Mais ce n'est pas toujours simple. Notre cerveau a ses routines. Pour libérer l'imagination, apprenez une technique de créativité. Il en existe de nombreuses. Le mieux est d'en choisir une et de l'utiliser régulièrement. Le *brainstorming* permet d'aller vers de nombreuses directions. Le *mindmapping* permet de progresser par association d'idées. Les techniques aléatoires libèrent la pensée (par exemple, choisir un mot dans le dictionnaire avec lequel on devra relier le problème). Enfin, les six chapeaux permettent d'aborder les différents aspects d'un même problème.

Cette technique, inventée en 1970 par Edward de Bono, est l'une des plus appréciées des managers. Quelle que soit la technique que vous choisirez, utilisez-la régulièrement jusqu'à la maîtriser parfaitement.

3. Inspirez-vous des petites entreprises

Les grandes entreprises ont parfois perdu l'agilité qu'elles avaient lorsqu'elles étaient petites. Quand les ressources se font rares, elles ne savent plus innover. C'est pourtant à ce moment-là qu'elles en ont le plus besoin. Par exemple, les programmes de réduction des coûts sont ceux qui nécessitent le plus de créativité, car il faut repenser entièrement les modes de fonctionnement. Alors, imaginez que vous êtes encore en phase de lancement. Utilisez les logiciels libres, les solutions gratuites sur le marché, les ressources déjà disponibles. Testez rapidement vos idées, sans attendre que tout soit achevé. Ne perdez pas votre temps : dans une PME, ce serait le bien le plus précieux. Ne vous arrêtez pas à la première difficulté, ne cherchez pas de l'aide à chaque obstacle : si vous étiez le patron de la PME, comment feriez-vous ?

4. Réinventez votre espace de travail

Votre cerveau a besoin de vagabonder. Steve Jobs aimait le *walk-and-talk* : il emmenait ses interlocuteurs se promener avec lui. Il est en effet difficile de penser autrement quand tout reste identique : même lieu, mêmes collègues, mêmes routines. 98 % des salariés estiment que l'aménagement de leurs locaux professionnels a un impact sur leur travail. Françoise Bronner est chercheur en organisation du travail : « Abandonnez la mise en espace de l'organigramme. La taille du bureau n'illustre pas seulement la place dans la hiérarchie ! Facilitez la communication entre les salariés en créant un environnement favorable. » Sur son nouveau campus installé à Gentilly en 2015, Sanofi a mis en place une organisation en *free sitting* et *clean desk* : plus aucun manager, même au plus haut niveau, ne dispose de bureau attitré. Enfin, pour favoriser la créativité, installez des canapés : quand on est assis dans un canapé, le bassin est ouvert à 120 % et le cerveau est mieux irrigué !

Par où commencer ?

Identifiez vos problèmes et imaginez que vous ne puissiez bénéficier d'aucune aide : comment feriez-vous pour les résoudre ?

....

....

....

....

Pour aller plus loin : Edward de Bono, *Les six chapeaux de la réflexion*, éditions d'Organisation, 2005

Sur le thème « Innover », voir aussi les leçons 9 et 13.

Comment Coco Chanel est-elle passée de la misère à la fortune ?

#audace #courage

Coco Chanel naquit dans un milieu très pauvre. Elle marqua le XXe siècle par ses talents de créatrice de mode. Mais ils ne l'aidèrent pas à faire fortune. Celle-ci lui vint d'une idée audacieuse qu'elle fut la première couturière à avoir : créer un parfum à son nom.

La petite Gabrielle Chasnel a 11 ans quand son père, veuf, la dépose dans un orphelinat avec sa sœur cadette. À 20 ans, elle commence à arrondir ses fins de mois avec des travaux de couture, puis se rend à Paris pour devenir chanteuse. C'est là qu'elle acquiert le surnom de Coco. Poursuivant sa vocation, elle retourne au monde de la mode. Ses créations se démarquent par leur simplicité. En 1910, elle ouvre un atelier rue Cambon à Paris où elle imagine sa « petite robe noire ». Coco souhaite libérer le mouvement des femmes, entravées dans des habits complexes et fragiles. Résolument moderne, la petite robe noire est portée au quotidien par les Parisiennes chic et élégantes. Coco Chanel devient la couturière la plus en vue de la capitale.

En 1921, elle rencontre le parfumeur Ernest Beaux dans un hôtel de la Côte d'Azur. En discutant avec lui, l'idée lui vient de faire un parfum. Les professionnels de la parfumerie la mettent en garde : « couture et parfum n'ont rien en commun ! ». Un journaliste écrit « qu'elle n'y connaît rien et qu'elle ne peut pas réussir », se délectant par avance de l'échec de cette petite couturière qui se prend pour une femme d'affaires. Pourtant, Coco Chanel est sûre de son fait : elle ne connaît rien au secteur de la parfumerie, mais elle connaît les femmes. Elle imagine son parfum comme elle imagine ses robes. Alors que les fragrances de l'époque se composent de substances naturelles qui s'évaporent facilement, elle choisit des ingrédients synthétiques qui gardent leur odeur plus longtemps, permettant aux femmes de rester parfumées du matin jusqu'au soir. Alors que les flacons de parfum ont souvent des formes sophistiquées et fragiles, Coco dessine un flacon aux lignes sobres et anguleuses, proche d'une flasque à whisky, simple à poser sur une étagère de salle de bains. Plutôt que de l'affubler d'un nom faussement romantique ou orientalisant, elle l'appelle simplement « N° 5 » comme le cinquième échantillon que lui propose Ernest Beaux !

Coco Chanel avait vu juste. N° 5 est le parfum qu'il faut aux femmes libres des Années folles. Il accompagne la mode des garçonnes qui sortent, fument, conduisent des automobiles et s'habillent en robe découvrant leurs genoux. Les vedettes du music-hall se chargent d'en faire la publicité.

N° 5 rapporta 15 millions de dollars à Coco Chanel, plus que l'ensemble des revenus de toute sa carrière de couturière.

Décryptage

L'audace est une valeur dans laquelle de plus en plus d'entreprises se retrouvent. Des groupes aussi différents que Cap Gemini, Total, Onet ou Aéroports de Paris la citent parmi les quatre ou cinq valeurs de l'entreprise. Cette valeur entrepreneuriale peut sembler déstabilisante aux salariés. Quand on me demande d'être audacieux, qu'est-ce que cela signifie au juste ? Est-ce contradictoire avec la prudence qu'on attend également de moi ?

Coco Chanel a montré la voie : aujourd'hui, toutes les maisons de haute couture commercialisent leur propre parfum. Coco Chanel n'était pas une risque-tout. Elle a monté son entreprise pas à pas, en la faisant fructifier, en s'appuyant sur ses talents et surtout en restant à l'écoute de ses clientes. Dans la mode, il faut être en avance pour ne pas être en retard. Ses choix créatifs audacieux ont fait sa réussite. Son premier succès, elle l'a emporté avec une robe noire, couleur du deuil à l'époque. Lancer un parfum serait un pari déraisonnable ? Elle pensait exactement le contraire. Après tout, qu'avait-elle à perdre d'essayer ? Coco Chanel venait d'un milieu très pauvre dont elle voulait s'extraire à tout prix. Elle a compris très jeune qu'il est souvent plus risqué de ne rien faire que de tenter quelque chose.

Moralité

L'audace est souvent moins risquée que l'immobilisme.

Quatre conseils pour faire preuve d'audace

1. Ne cherchez pas à être audacieux à tout prix

En novembre 2014, la Cité de la réussite a réuni en Sorbonne une centaine d'intervenants sur le thème de l'audace. De Christiane Taubira à Carlos Ghosn en passant par Jacques Attali, Philippe Boutry et Georges Haddad, des points de vue différents se sont confrontés, montrant la complexité, la richesse et l'actualité de ce thème. Citant Jean Cocteau, Jacques Attali rappelle que « rien d'audacieux n'existe sans la désobéissance à des règles, formelles ou informelles ». En entreprise, la difficulté est bien là. L'entreprise fixe des règles, demande à ses salariés de les respecter… et dans le même temps de les remettre en question. C'est un paradoxe, qu'il faut apprendre à dépasser. Pour cela, commencez par comprendre la place de l'audace dans votre contexte professionnel. Au fond, dans votre métier, à quoi cela sert-il d'être audacieux ?

2. Identifiez ce qui vous retient

Reconnaissons-le, les principaux freins à l'action sont d'abord en nous-même. Même si l'entreprise nous fixe des règles, celles-ci nous empêchent rarement d'avancer. Comme le souligne le psychiatre Éric Albert, « la véritable audace c'est l'audace vis-à-vis de soi-même ». Il faut sortir de sa zone de confort. Selon notre personnalité et notre éducation, nous avons tous développé un certain nombre de peurs : la peur de ne pas être parfait, qui nous amène à tout vérifier dans les moindres détails ; la peur du regard des autres, qui nous amène à nous taire plutôt que de risquer de dire une bêtise ; la peur de ne pas être aimé, qui nous empêche de formuler une critique à quelqu'un ; la peur d'échouer, qui nous fait préférer l'inaction à l'essai, etc. Pour dompter vos peurs, commencez par les identifier et les accepter, cela vous aidera à les relativiser. Est-ce si grave d'échouer ? Est-ce si grave de ne pas faire plaisir ? Est-ce si grave si tout n'est pas parfait ? Qu'est-ce que je ferais si je n'avais pas peur ?

3. Restez jeune !

Des chercheurs de l'université de Berkeley ont demandé à 300 couples de frères de jouer au baseball. En les observant, ils ont constaté que le plus jeune des deux frères tentait onze fois plus souvent de « voler la balle », et qu'il y arrivait trois fois plus souvent. Ainsi, le plus jeune risquait plus et réussissait moins en proportion, mais sa témérité l'amenait à réussir plus souvent au final. Si on devient de plus en plus conservateur avec l'âge, l'audace nécessite de rester jeune dans sa tête. Pour cela, entourez-vous de jeunes collaborateurs. Leur jeunesse déteindra sur vous. Et cultivez votre souplesse mentale. « Avec le temps, et à cause de la répétition de nos schémas de pensées, nous perdons notre plasticité cérébrale, écrit Maïté Sauvet, chercheuse en neurosciences. D'où l'importance de la cultiver en fréquentant de nouvelles personnes, en s'ouvrant à des idées et à des points de vue différents, mais aussi en bousculant nos petites habitudes du quotidien (changer de trajet, goûter des saveurs inédites, accepter l'imprévu, etc.) ».

4. Entraînez-vous à être audacieux chaque jour

N'attendez pas la grande occasion pour démontrer votre courage. Posez-vous la question : qu'est-ce qui vous faire dire que votre chef est courageux ou ne l'est pas ? Ce qui fait le courage d'un manager, ce sont souvent des petites choses. Par exemple, défendre un collaborateur vis-à-vis d'un client avec lequel il rencontre une difficulté, ou s'opposer au grand patron quand on estime qu'il se trompe. La meilleure façon de devenir audacieux, c'est d'abord de vous comporter comme si vous l'étiez déjà ! C'est en ayant le courage de faire de petites choses que vous prendrez confiance en vous, que vous surmonterez vos peurs et que vous sortirez durablement de vos zones de confort.

Par où commencer ?

Quand avez-vous fait preuve d'audace la dernière fois ?

....

....

....

....

Qu'avez-vous trouvé difficile ?

....

....

....

....

Pour aller plus loin : De l'audace en Sorbonne avec la Cité de la réussite, www.sorbonne.fr

Sur le thème « Développer son leadership relationnel », voir aussi les leçons 2, 3, 17 et 52.

Où ont été trouvés les 5 milliards de francs du tunnel sous la Manche ?

#réseau #networking

L'histoire de France n'a pas retenu le nom de Sir Alastair Morton. C'est injuste. Le tunnel sous la Manche n'aurait jamais existé sans l'exceptionnel réseau de financeurs que Morton a su mettre à son service.

Lorsque Alastair Morton prend la tête d'Eurotunnel en 1987, l'entreprise est en plein désarroi. Côté français, on s'intéresse beaucoup au choix technique – un tunnel ferroviaire – pris contre l'avis du président Mitterrand qui aurait préféré un pont routier. Côté anglais, les sujets de conversation sont bien différents.

Margaret Thatcher, contre toute attente, avait accepté le projet du tunnel en remerciement du soutien de la France lors de la guerre des Malouines. Mais elle avait été très claire : le projet sera entièrement financé par de l'argent privé, il ne coûtera « pas un penny » au contribuable anglais. Margaret Thatcher estime avoir fait sa part du job en signant le traité de Canterbury en 1986. Il fixe les modalités techniques du projet… mais ne prévoit aucun financement ! On se prépare donc à enterrer le projet une nouvelle fois.

Car le traité de Canterbury est loin d'être une première. En 1962, un projet de tunnel financé par la compagnie de Suez échoue faute de base légale. Le projet est relancé en 1973 avec la signature d'un traité franco-anglais. Mais cette fois, ce sont les dockers et les pêcheurs anglais qui s'y opposent. En 1986, au moment du traité de Canterbury, la liste des opposants est longue. L'économie anglaise est au creux de la vague. Les investisseurs ne se bousculent pas pour venir financer un projet aussi gigantesque et incertain. Alastair Morton est prévenu : il devra faire des miracles.

Et c'est ce qu'il fait. Morton est sud-africain. Sa réussite, il la doit au réseau qu'il s'est patiemment construit à Londres. Depuis des années, il cultive des liens avec tous ceux qu'il croise : ses camarades d'Oxford, ses amis à la Banque mondiale, ses partenaires mécènes de l'Orchestre de Grande-Bretagne, ses voisins, ses collègues. Il leur annonce son recrutement comme patron du tunnel sous la Manche et leur demande « leurs conseils pour trouver 5,3 milliards de francs ». Chacun mobilise son propre réseau et le met au service du projet d'Alastair.

Après plusieurs mois d'effort, Morton réussit à convaincre 260 investisseurs privés français, anglais, sud-africains et américains. Les banques et les entreprises de BTP mettent également la main au portefeuille. Pour compléter, il introduit Eurotunnel en Bourse. Le capital est rapidement souscrit par des centaines de milliers de particuliers, fiers de participer au chantier du siècle. Le 28 février 1988, alors que la situation semblait désespérée deux ans auparavant, le premier tunnelier s'enfonce dans le sol français.

Décryptage

Pierre Bourdieu distingue trois formes de capital : le capital économique, le capital culturel et le capital social. Il montre que la réussite provient de la capacité à faire fructifier les trois. À la différence des deux premiers, le capital social s'acquiert peu par héritage. Chacun se construit le sien.

Lorsqu'il fonde Microsoft en 1975, Bill Gates demande à sa mère de le mettre en contact avec un cadre d'IBM avec lequel elle partage un engagement associatif. C'est ainsi qu'il signera le premier gros contrat de sa jeune entreprise. On pourra dire que Bill Gates a eu la chance de profiter du contact de sa mère. Mais cette vision simpliste ne résiste pas à l'analyse. Développer et utiliser son réseau est une vraie compétence.

Le tunnel sous la Manche doit beaucoup à celles et ceux qui se sont mobilisés pour lui. Lors de l'inauguration en 1994, le président Mitterrand souligne : « Ce qui fut décisif a été l'engagement personnel des responsables de nos deux pays. Mais cette volonté n'aurait pas suffi si elle n'avait été relayée par celle des créateurs et des initiateurs du projet, par celle des diplomates, des juristes, des financiers, des ingénieurs, des ouvriers de tous les corps de métier. Je veux encore rendre hommage à tous ceux qui y ont pris part, du plus humble au

Moralité

Pour réussir, développez votre réseau.

plus célèbre. » Alastair Morton et ceux qu'il a su mobiliser s'y sont sans doute reconnus.

Quatre conseils pour développer votre réseau

1. Consacrez-y du temps

Entretenir et développer son réseau est une compétence managériale. Elle sera en grande partie à l'origine de votre succès. Les jeunes l'ont bien compris. Dans une étude sur la génération Z publiée par le Boson Project, ils sont 40 % à dire que pour réussir, il faut un bon réseau, et seulement 26 % un bon CV. Entretenir votre réseau vous permettra de réussir vous-même et de faire réussir votre entreprise. Le temps que vous consacrez à votre réseau est donc du temps de travail. Faites-en une priorité, astreignez-vous à travailler votre réseau en permanence, surtout dans les périodes où vous êtes très occupé : c'est probablement à ce moment-là que vous rencontrez le plus de monde !

2. Poursuivez un but

Dans *Never Eat Alone*, Keith Ferrazzi propose une démarche en trois étapes pour développer un réseau. Commencez par le cartographier. En vous mettant au centre de la feuille, dessinez vos connaissances en fonction du lien qui vous lie. Identifiez vos dix contacts les plus proches et vérifiez s'ils se connaissent entre eux. Si ce n'est pas le cas, c'est un bon signe : votre réseau part vers plusieurs ramifications. Ensuite, fixez-vous des objectifs et, face à chaque objectif, écrivez le nom des trois personnes qui vous aideront à l'atteindre. Ces trois personnes seront peut-être dans votre premier cercle d'amis, mais plus probablement dans un cercle plus lointain. Développez votre réseau en ayant ce plan d'actions en tête. Ne perdez aucune occasion, même anodine. « Ne mangez jamais seul. » Chaque situation est l'opportunité d'élargir votre réseau.

3. Entretenez les liens faibles

En 1973, Mark Granovetter publie *La force des liens faibles*. Ses travaux ont été popularisés avec l'émergence des réseaux sociaux qui ont démontré ses dires : les contacts éloignés comptent beaucoup plus qu'on ne croit. En août 2014, Evelyne Mireault annonce sur Facebook que sa fille de 11 ans a perdu son doudou. À sa plus grande surprise, en moins de deux jours, son message est relayé 169 000 fois et le doudou est retrouvé. Vos « liens faibles » feront votre succès. C'est particulièrement vrai en entreprise car le collectif y tient une grande place. Ceux qui feront réussir vos projets appartiennent souvent à d'autres services que le vôtre. Le réseau fonctionne toujours dans une démarche d'entraide. Ils agiront avec l'envie de vous rendre service. Soyez altruiste : apporter votre aide à ceux qui vous le demandent est le moyen le plus sûr d'en recevoir quand ce sera votre tour d'en demander.

4. Appliquez quelques bonnes pratiques quotidiennes

Adam Grant a montré que « contribuer à la réussite des autres et donner des coups de pouce sans rien attendre en retour sont des comportements qui favorisent la réussite de leur auteur ». Développer son réseau est une discipline quotidienne qui repose sur de petites choses. Effectuez des mises en relation entre vos connaissances. Partagez les articles que vous avez appréciés. Répondez positivement aux demandes de conseils d'où qu'elles viennent.

Suivez l'actualité de vos contacts sur les réseaux sociaux, *likez* leurs contributions et félicitez-les lors d'une promotion. Ces petits gestes quotidiens auront un grand impact à long terme.

Par où commencer ?

Sur quelles connaissances pouvez-vous vous appuyer ?

....

....

....

....

Quelles sont les trois personnes que vous allez leur demander de rencontrer ?

....

....

....

....

Pour aller plus loin : Keith Ferrazzi, *Never Eat Alone*, Portfolio Penguin, 2014

Sur le thème « Développer son activité », voir aussi les leçons 20, 31 et 40.

Pourquoi est-il si facile de tromper les gens ? La folle histoire de Frank William Abagnale

#irrationnel #PriseDeDécision

Frank William Abagnale a inspiré le film de Steven Spielberg Satch Me If You Can. *Il en fut aussi tiré une comédie musicale à succès. Son histoire n'est pas banale. À moins de 21 ans, Frank William Abagnale avait eu huit identités, volé 2,5 millions de dollars et s'était échappé deux fois de prison ! Son secret ? Il avait compris comment fonctionnent les gens…*

Alors qu'il a tout juste 16 ans, les parents de Frank Abagnale divorcent. Les juges lui demandent de choisir s'il veut habiter avec son père ou sa mère. Plutôt que de répondre, il s'enfuit. Il n'a que 5 dollars en poche et un carnet de chèques. Il écume les banques pour en trouver une qui acceptera de lui fournir des espèces contre ses chèques. Mais sans carte d'identité, elles refusent. Frank Abagnale remarque alors que les guichetiers ne demandent pas leur carte d'identité aux pilotes d'avion. Il se rend dans un magasin de déguisement, achète un déguisement de pilote, rentre dans une agence bancaire... et ça marche ! Grâce à ce simple subterfuge, il obtient le paiement de son chèque.

C'est ainsi que commence sa folle histoire. Car avec son déguisement de pilote, Frank Abagnale ne se contente pas d'escroquer les banques. Plein de culot, il fait croire aux pilotes de la Pan Am qu'il est l'un des leurs. Ce stratagème lui permet d'être accepté en cabine de pilotage... et d'échapper aux policiers qui lui courent après. Il se spécialise dans la falsification des chèques de banque. Lors de son arrestation, ses escroqueries lui auront rapporté 2,5 millions de dollars en quatre ans.

À 25 ans, Abagnale décide de renoncer à sa vie de cavale. Il se rend à la police et, après quelques années en prison, il se met au service du FBI. Il devient expert en sécurité bancaire et donne de nombreuses conférences. Tout le monde lui pose la même question : « Comment avez-vous réussi à tromper tant de monde ? » Voilà ce qu'il répond : « Au début de mon aventure, je passais des heures dans les aéroports. J'avais remarqué que les caissières, en fin de service, mettaient le contenu de leur caisse dans une enveloppe qu'elles glissaient dans une boîte aux lettres. Un jour j'ai rajouté un écriteau « boîte aux lettres hors service, remettez votre enveloppe à l'agent de sécurité. » Je me suis posté à côté de la boîte aux lettres en déguisement d'agent de sécurité. Il n'y avait plus qu'à attendre : les caissières me donnaient leur argent en toute confiance ! C'est là que j'ai compris une chose simple : les gens font une confiance aveugle à quelqu'un en uniforme. Vous savez, quand on a compris comment fonctionnent les gens, ce n'est vraiment pas difficile de les tromper ! »

Décryptage

L'être humain n'est pas toujours rationnel, loin de là ! Les neurosciences progressent tous les jours pour le montrer. Leurs enseignements peuvent être utilisés de manière frauduleuse, à l'image de Frank William Abagnale. Mais, en comprenant les ressorts de nos prises de décision, il est également possible de mieux décider et d'améliorer l'efficacité de nos actions.

Frank William Abagnale a compris intuitivement un biais cognitif connu sous le nom d'« erreur d'attribution » : on accorde plus d'importance à l'émetteur du message qu'au message lui-même. C'est la raison pour laquelle nous obéissons toujours à un policier, quelle que soit sa demande. C'est aussi le mécanisme de beaucoup de publicités. Un joueur de tennis célèbre vante les mérites d'une compagnie d'assurances. Peu importe qu'il n'y connaisse rien en assurance, il est célèbre donc nous lui faisons confiance.

Abagnale est aujourd'hui repenti. Il a renoncé à ses activités illicites et consacre son temps à former et donner des conférences sur les biais cognitifs. Il y explique les aspects irrationnels de nos décisions. Ses conseils sont suivis par de nombreux dirigeants qu'il aide à prendre conscience des limites de leur propre rationalité.

Moralité

Nos décisions sont souvent dictées par des ressorts inconscients.

Quatre conseils pour mieux décider

1. Prenez conscience des limites du cerveau humain

La recherche ne cesse de montrer les extraordinaires capacités du cerveau humain. Ses capacités de stockage d'information sont estimées à 1 petaoctet (10 puissance 15). Là où les serveurs informatiques consomment une énergie gigantesque, le cerveau humain se contente de trois repas par jour. Pas étonnant que le CERN ait missionné 130 chercheurs pour comprendre le fonctionnement de la mémoire. Mais le cerveau a ses limites. Il se trompe à coup sûr devant une illusion d'optique. La communication marketing modifie sa programmation (les tests organoleptiques montrent que la plupart des gens préfèrent le goût du Pepsi au Coca Cola, même ceux convaincus du contraire). Selon la Haute Autorité de Santé, 13 % des diagnostics médicaux sont erronés, entraînant des milliers de morts chaque année. Notre cerveau se trompe beaucoup plus souvent que nous voulons bien le croire.

2. Ne laissez pas les informations venir à vous, allez les chercher

L'être humain fait naturellement confiance à ses semblables. Sans cela, la vie en société serait impossible. Mais ce principe à ses limites. L'histoire de Frank Abagnale illustre le biais d'attribution selon lequel nous accordons plus facilement notre confiance à certains plutôt qu'à d'autres. Un PDG fera d'abord confiance à son comité de direction plutôt qu'à ses salariés. Mais parfois le comité de direction se trompe, involontairement ou volontairement, par effet de cour, par exemple. En 1975, la direction d'Elf Aquitaine s'est laissé convaincre par la technologie des « avions renifleurs » censés repérer les champs de pétrole depuis le ciel. Alors que la France subit de plein fouet le choc pétrolier, comment ne pas croire une histoire aussi belle ? L'escroquerie a couté 1 milliard de francs à l'entreprise. Pour éviter la plupart des biais cognitifs, partez vous-même à la recherche des informations dont vous avez besoin plutôt de les laisser venir à vous.

3. Ne restez jamais sur votre première impression

Lorsque Steve Jobs présente l'iPad pour la première fois, une image s'affiche derrière lui pendant 30 longues secondes : l'iPad coute 999 dollars. Puis soudain, Steve Jobs révèle que l'iPad est proposé à un prix de 599 dollars seulement. Le spectateur se dit qu'il fait une bonne affaire ! Jobs joue sur le biais de cadrage : nous sommes durablement influencés par la manière dont l'information est présentée la première fois. C'est la technique du marchand de tapis qui commence toujours par demander un prix bien au-dessus de la valeur de l'objet. Le biais de cadrage a aussi des effets involontaires. Le don d'organe est trois fois supérieurs aux Pays-Bas qu'au Danemark, pays pourtant voisin, tout simplement parce que les formulaires de don d'organe proposent par défaut un « oui » au Pays-Bas et un « non » au Danemark. Ne vous arrêtez pas à la façon dont l'information vous est présentée, faites preuve de discernement.

4. Verbalisez vos questions pour activer toutes les zones de votre cerveau

Le cerveau humain est d'une grande complexité. Le lobe frontal, le dernier à apparaître dans l'évolution, est la partie du cerveau mobilisée lors d'une décision complexe. L'aire de la compréhension du langage est située dans le lobe pariétal, l'aire auditive est située dans le lobe temporal, le siège des émotions dans le cerveau limbique, etc. Lorsque nous sommes fatigués, il peut arriver que le cerveau se mette en mode « pause ». Les informations passent difficilement d'une partie à l'autre. Par exemple, impossible de se rappeler le nom d'une personne. Faites l'expérience, posez-vous la question à voix haute : « Comment s'appelle cette personne ? » Verbaliser permet d'activer plusieurs zones de votre cerveau et l'oblige à remettre en contact les différents lobes. Vous trouverez peut-être la réponse à votre question avant même d'avoir fini votre phrase. Quand vous avez une décision importante à prendre, réfléchissez à voix haute, votre cerveau sera plus efficace.

Par où commencer ?

En savez-vous suffisamment sur le cerveau humain ?

....

....

....

....

Si ce n'est pas le cas, comment progresser ?

....

....

....

....

Pour aller plus loin : Dan Lovallo, Carmina Clarke et Hugh Courtney, « De l'art de décider », *Harvard Business Review*, février-mars 2015

Sur le thème « Savoir décider », voir aussi les leçons 6, 15, 32 et 43.

D'où vient la force du discours de Simone Veil sur l'avortement ?

#ArtOratoire #PriseDeParole

En 1974, Simone Veil a prononcé l'un des discours les plus difficiles et émouvant de la Ve République. Le parcours de cette ancienne haute fonctionnaire l'avait pourtant peu habituée à s'exprimer en public.

Le sujet déchire la société. En avril 1971, un manifeste signé de 343 femmes réclame le droit à l'avortement. « Un million de femmes se font avorter chaque année en France. Je déclare que je suis l'une d'elles », écrivent notamment Simone de Beauvoir, Catherine Deneuve, Françoise Sagan et Jeanne Moreau. Publié dans le *Nouvel Observateur*, il est renommé par certains « le manifeste des 343 salopes ». Deux ans plus tard, Michel Poniatowski, ministre de la Justice, propose à l'Assemblée nationale un projet de loi autorisant l'avortement en cas de viol. Le texte est repoussé par 225 voix contre 212. Les quolibets fusent dans l'hémicycle.

C'est dans ce climat délétère que Simone Veil est nommée ministre de la Justice en juin 1974. Elle n'a jamais exercé aucune fonction politique. Elle est totalement inconnue du grand public. C'est Valéry Giscard d'Estaing qui l'a repérée au Conseil supérieur de la magistrature. Il lui a confié ces responsabilités par intuition et parce que c'est une femme. Il veut commencer son mandat de président avec une loi sociétale. L'interruption volontaire de grossesse (IVG) n'est pas l'idée de Simone Veil, mais elle deviendra son combat.

Elle élabore un discours poignant, nourri de la détresse des jeunes femmes pratiquant l'avortement clandestin. « Nous ne pouvons plus fermer les yeux sur les 300 000 avortements qui chaque année mutilent les femmes de ce pays. » Elle travaille point par point les arguments de ces détracteurs. Elle met en avant la nécessaire responsabilité du gouvernement face aux problèmes sociaux du pays. Enfin, elle choisit de parler en son nom propre, en tant que femme. Elle rédige six brouillons de son discours avant de produire un texte qu'elle juge satisfaisant. Elle s'entraîne à le prononcer depuis la tribune même de l'Assemblée.

Enfin, le 26 novembre 1974, c'est son grand oral. Devant un parterre qui compte 98 % d'hommes, elle commence par ces mots : « Je voudrais tout d'abord vous faire partager une conviction de femme – Je m'excuse de le faire devant cette Assemblée presque exclusivement composée d'hommes : aucune femme ne recourt de gaieté de cœur à l'avortement. Il suffit d'écouter les femmes. » Son discours d'une heure a marqué l'histoire. Paradoxalement, les critiques les plus acerbes proviennent de son propre parti. Mais au terme de trois jours d'échanges houleux, la dépénalisation de l'avortement est votée dans la nuit du 29 novembre 1974 par 284 voix pour et 189 contre.

Décryptage

La communication prend de plus en plus de place en entreprise. Les managers y consacrent plus de la moitié de leur temps. Avec la complexité croissante et le changement permanent, le besoin de donner et recevoir de l'information ne cesse de grandir.

La particularité du manager est l'utilisation de sa voix comme principal moyen de communication. Que ce soit en entretien individuel ou en réunion d'équipe, le manager communique par le langage plutôt que par l'écrit. Or, la prise de parole est source de stress. Selon la *Harvard Business Review*, les deux tiers des managers sont mal à l'aise à l'oral : 55 % des personnes interrogées disent redouter de s'exprimer en public et 33 % d'entre elles préféreraient même se taire.

Parler en public, c'est s'exposer. Simone Veil l'a accepté comme un mal nécessaire. Elle s'est préparée soigneusement, sur le fond et sur la forme. Elle a su jouer du registre des émotions. Orpheline rescapée d'Auschwitz, pour la première fois, elle s'est autorisée à parler d'elle. La sincérité et la profondeur de sa conviction ont fait taire une part des opposants.

Moralité

Pour surmonter vos craintes à vous exprimer en public, jouez la carte de l'authenticité.

Quatre conseils pour prendre la parole en public

1. Pour bien communiquer, commencez par bien écouter

Revenons à la base : la communication est une relation entre un émetteur et un récepteur. C'est parce que certains orateurs l'oublient qu'ils sont soporifiques. Mettez-vous à la place de l'auditeur. Cherchez à le comprendre, à vous mettre à sa portée. Ne vous cachez pas des derrières des tableaux de chiffres. Il n'est pas nécessaire d'être un orateur brillant pour réaliser une présentation percutante. Il suffit de comprendre ce qu'attend votre public. Montrez à vos interlocuteurs que vous vous intéressez à eux. La plupart des intervenants déroulent leur présentation sans tenir compte de leurs auditeurs. Au contraire, commencez par une question : « Quelles sont vos attentes pour cette présentation ? Quelles sont les questions que vous vous posez ? » Soyez attentif et bienveillant, votre auditoire fera de même avec vous.

2. Travaillez isolément les quatre aspects de la communication

Pour faire passer son message, le manager doit maîtriser quatre aspects de la communication : une dimension intellectuelle : construire son discours pour lui donner du sens ; une dimension technique : utiliser les bons mots, poser sa voix, etc. ; une dimension corporelle : gérer sa gestuelle ; une dimension émotionnelle : gérer son trac. Tout cela peut paraître compliqué mais c'est en fait assez simple. Toutes ces techniques s'apprennent. L'abbé Pierre était quelqu'un de timide et réservé. Par le travail, il est devenu un excellent orateur. Un bon entraînement peut permettre à chacun d'augmenter fortement l'impact de ses interventions. Saisissez chacune des opportunités pour travailler l'un des quatre aspects de l'art oratoire, puis demandez un feedback précis à l'un de vos auditeurs : vous progresserez rapidement.

3. Sachez parler… et faire silence

Un sportif n'imaginerait pas démarrer un match sans s'échauffer. Prenez soin de votre voix. Les mots ne transmettent que 5 à 10 % du message, le reste passe par le corps. Utilisez votre voix comme un instrument de musique. Avant de prendre la parole, respirez profondément trois à quatre fois en emplissant vos poumons et en expirant totalement. Ne parlez pas trop vite, ne mangez pas les mots. N'ayez pas peur du silence, au contraire. Isaac Stern disait que « la musique, c'est ce qu'il y a entre les notes ». Modulez votre volume sonore et vos intonations. Interdisez-vous la monotonie. Recherchez un registre grave plutôt qu'aigu, car les voix graves apaisent et rassurent. N'ayez pas peur des effets théâtraux. La prise de parole en public est une mise en scène, si vous aimez jouer, profitez-en !

4. Entraînez-vous à recevoir des objections

La peur de l'objection est l'une des craintes des managers. Une grande entreprise industrielle voulait mettre un place un « briefing 5 minutes » quotidien pendant lequel les managers de proximité présenteraient à leurs équipes les résultats de la veille et le programme du jour. Malgré plusieurs tentatives, le projet ne prenait pas. Une rapide enquête montra que les managers adhéraient au principe du briefing quotidien, mais craignaient de s'exposer aux objections de leurs collaborateurs. Une formation spécifique permit aux managers de prendre confiance en eux. Les objections sont naturelles, acceptez-les avec bienveillance. Ne soyez pas déstabilisé, n'éludez pas, ne vous énervez pas. Reformulez l'objection pour vous assurer de bien la comprendre. Puis répondez-y calmement. Une objection n'est pas nécessairement un désaccord, bien au contraire.

Par où commencer ?

Avez-vous peur de prendre la parole en public ?

....

....

....

....

Si oui, de quoi avez-vous peur au juste ?

....

....

....

....

Pour aller plus loin : Laurence Levasseur, *50 exercices pour parler en public*, Eyrolles, 2015

Sur le thème « Prendre la parole en public », voir aussi les leçons 10 et 22.

Quel est le salarié ayant le plus contribué au succès de Google ?

#QVT #QualitéDeVieAuTravail #EquilibreProPerso

Charlie Ayers, le premier cuisinier de Google, a été désigné par le PDG comme « l'employé ayant le plus contribué au succès de l'entreprise ». Étonnant pour une entreprise technologique ? Pas quand on connaît l'importance qu'elle accorde à la qualité de vie au travail.

Lorsqu'ils fondent Google en 1997, Larry Page et Sergey Brin sont encore étudiants à Stanford, en plein cœur de la Silicon Valley. Ils ont respectivement 23 et 24 ans. Les moteurs de recherche de l'époque s'appellent Alta Vista, Excite, Lycos. Ils fonctionnent selon un principe simple : les internautes tapent un mot-clé, le moteur recherche les sites Internet qui citent ce mot-clé, puis les classe en fonction du nombre de citations du mot en question. Cette méthode est peu fiable. Les gestionnaires de sites ont pris l'habitude de rajouter des mots-clés invisibles à l'écran – par exemple, en police bleue sur fond bleu – qui trompent les moteurs de recherche. Pour résoudre le problème, Larry Page et Sergey Brin ont deux idées géniales.

Think smart ! La première idée consiste à modifier la façon de classer les sites. Plutôt que de les classer selon le nombre d'occurrences du mot-clé, les sites sont classés en fonction du nombre de liens qui renvoient vers ce site. Larry Page et Sergey Brin ont des parents chercheurs, ils savent qu'on ne devient pas prix Nobel par la qualité intrinsèque de ses recherches, mais parce que ses travaux sont cités par de nombreux autres chercheurs. Ils appliquent la même idée à leur moteur de recherche.

Think big ! Larry Page et Sergey Brin cherchent à accélérer le temps de réponse. Pour cela, ils décident tout simplement de charger la totalité du contenu d'Internet sur leurs propres serveurs ! Nous sommes en 1997, Internet débute. Cette opération ne nécessite que 100 000 dollars qu'ils empruntent à leur université. Ils achètent des ordinateurs bas de gamme, les montent en série et forment une tour de 2 mètres de haut qu'ils installent dans la chambre d'étudiant de Larry Page.

Forts de ces deux idées, Page et Brin sont sûrs du potentiel de Google. Il ne leur reste plus qu'à recruter les meilleurs ingénieurs. Mais quand on est situé en pleine Silicon Valley, la concurrence est rude. Pour faire venir les ingénieurs les plus brillants, ils ont une idée originale : les nourrir gratuitement. Et c'est là que Charlie Ayers entre en scène.

Charlie Ayers est un jeune chef cuisinier. Pendant cinq ans, chaque midi et chaque soir, Charlie Ayers concocte pour les salariés de Google des menus dignes d'un palace. Menu du mardi 26 mars 1999 : « salade du sud au poulet chaud, sauce aux épices et noix de pecans grillées, légumes d'été ; bavette d'aloyau grillée façon créole, sauce Crescent City et oignons bio craquants ». Avec un tel programme, les candidats se bousculent aux portes de la cantine de Google !

Quand Charlie Ayers quitte Google, une grande fête est organisée. Tous les salariés lui expriment leur reconnaissance, à commencer par le premier d'entre eux, le PDG Eric Schmidt : « Cher Charlie, vous êtes le salarié qui a le plus contribué à la réussite de Google ! »

Décryptage

D'après une étude du cabinet Boston Consulting Group menée auprès de 200 000 salariés dans le monde, la qualité de vie au travail (QVT) fait partie des trois premières attentes d'un salarié vis-à-vis de son travail.

Google a fait de la QVT un facteur différenciant pour attirer et retenir les meilleurs talents. L'entreprise a été plusieurs années de suite en tête des entreprises où il fait bon travailler. Offrir de beaux locaux, des espaces de détente, une cantine de qualité aux salariés, ce n'est pas accessoire. Vous retiendrez plus sûrement vos meilleurs éléments en améliorant la qualité de la nourriture à la cantine qu'en leur offrant une timide augmentation de salaire. Et cela vous coûtera sans doute moins cher. Alors qu'attendez-vous pour leur faire et vous faire plaisir ?

Moralité

La qualité de vie au travail est un puissant facteur de performance.

Quatre conseils pour améliorer la qualité de vie au travail

1. Prenez conscience de l'impact de la QVT sur la performance de votre entreprise

Les entreprises ont une responsabilité sociale vis-à-vis de leurs employés. Est-ce une contrainte ou une opportunité ? Le cabinet Vigéo évalue la manière dont les entreprises gèrent cette responsabilité. Il a classé ses 600 clients en deux groupes : A, les bons ; B, les moins bons. Les entreprises du groupe A ont une productivité moyenne supérieure de 18 points à celles du groupe B. Preuve que les entreprises les plus soucieuses de leurs salariés sont également les plus performantes. Charles-Henri Beyssere des Horts, professeur à HEC, a étudié le management des entreprises indiennes. Il a montré l'importance traditionnelle, en Inde, de « rendre à la société » ce qu'elle vous a apporté. L'entreprise Tata Steel ne consacre pas moins de 12 % de son chiffre d'affaires à la santé, le sport, la culture et l'éducation de ses salariés. Cela représente des millions de dollars. Mais cela contribue fortement à son succès.

2. Recherchez l'épanouissement global plus que l'équilibre arithmétique

En 2013, le livre de Sheryl Sandberg, numéro 2 de Facebook, a alimenté la réflexion sur la qualité de vie au travail. L'auteur y raconte son expérience personnelle. Elle a fait un grand pas le jour où elle a compris qu'il n'est pas possible d'être dirigeant et de vouloir emmener ses enfants à l'école tous les matins, comme il n'est pas possible d'être maman et de vouloir aller à tous les cocktails professionnels. Ces renoncements lui ont permis de trouver un nouvel équilibre global. Il ne s'agit pas de « compter ses heures » mais de trouver son épanouissement. Elle montre ainsi que la question se pose différemment pour chacun et que la QVT est une question très personnelle. Elle ne se posera pas de la même manière dans une start-up ou dans une grande entreprise à l'organisation plus traditionnelle. Chaque collaborateur a son propre niveau d'exigence et ses propres attentes (pouvoir emmener ses enfants à l'école, pouvoir pratiquer son sport, etc.). En tant que manager, permettez à chacun de trouver le bon équilibre.

3. Montrez l'exemple : prenez soin de vous

L'exemple des grands dirigeants est inspirant : ils veillent à garder une alimentation saine, à conserver une activité sportive, à aller au cinéma ou au théâtre. Jean-Pascal Tricoire, patron globe-trotteur de Schneider Electric, s'accorde une séance de sport quotidienne. En tant que manager, vous faites face à plus de pression, vous êtes soumis à des déplacements, vous êtes exposé en tant que personne. Pour renforcer la culture de la QVT dans votre entreprise, montrez l'exemple. Posez des règles du jeu claires que vous vous appliquerez d'abord à vous-même : par exemple, pas de coup de fil pro le week-end et aucune obligation de traiter ses e-mails le soir.

4. Mesurez les résultats

Sur la QVT comme sur tout le reste, mesurer permet la mise en mouvement. En 1923, l'entreprise Western Electric mène une série d'études dans son usine de Hawthorne dans l'Illinois. Des ouvrières y assemblent des circuits électriques. Western Electric cherche à augmenter la productivité des ouvrières et teste plusieurs paramètres. Dans un atelier, l'intensité lumineuse est augmentée. Dans un autre, elle est réduite. Surprise : dans les deux cas, la productivité des ouvrières augmente de 30 % ! Elton Mayo, professeur à Harvard, s'intéresse au « cas Hawthorne » qu'il utilisera comme illustration des bienfaits d'une expérimentation. Pour améliorer le bien-être de vos salariés, il suffit peut-être de vous y intéresser !

Par où commencer ?

Qu'est-ce qui peut être fait pour améliorer vos locaux, la cantine, etc. ?

....

....

....

....

Quel serait le coût de ces mesures au regard des bénéfices attendus ?

....

....

....

....

Pour aller plus loin : Sheryl Sandberg, *En avant, toutes. Les femmes, le travail et le pouvoir*, JC Lattès, 2013

Sur le thème « Piloter la performance », voir aussi les leçons 7, 11, 28 et 30.

Comment Steven Spielberg a-t-il choisi son compositeur fétiche ?

#OrientationClient #SensDuService

*Vous ne connaissez peut-être pas John Williams, mais vous connaissez ses musiques. C'est lui qui a composé toutes les musiques des films de Steven Spielberg depuis quarante ans (*E.T., Indiana Jones, Jurassic park, La liste de Schindler, Minority report, Les aventures de Tintin, Lincoln, *etc.). La rencontre entre les deux hommes est l'une des plus fécondes d'Hollywood.*

Nous sommes en 1975. Le jeune Steven Spielberg n'a fait qu'un seul film (*Duel*) et prépare son second, *Jaws* (en français *Les dents de la mer*). Il s'entoure d'amis à lui pour la lumière et les décors. Mais qui choisir pour la musique ? Encore peu familier avec Hollywood, il publie toute simplement une petite annonce dans un journal local : « Cherche compositeur pour la musique d'un film à grand spectacle. »

John Williams a 43 ans. Il habite Los Angeles où il joue du jazz dans les bars. Il a déjà composé quelques musiques pour Hollywood. Après le décès de femme, sa vie semble à l'arrêt. Il décide de se relancer et voit dans l'annonce de Spielberg l'occasion de tenter sa chance. Il vient voir le réalisateur avec une idée saugrenue.

Williams propose à Spielberg une musique sur deux notes seulement : mi-fa, mi-fa, etc. Spielberg croit à une blague et éclate de rire. Il lui demande de revenir le voir quand il aura une proposition plus sérieuse à lui faire. Mais Williams insiste : « Monsieur Spielberg, je pense que vous avez un problème. En lisant le script, j'ai observé que le personnage principal, le requin, n'apparaît à l'écran qu'à la toute fin de votre film. Il faut lui donner une place pendant le reste du temps. Mes deux notes le remplaceront sans le montrer ! »

Spielberg hésite. Il n'aime pas trop l'idée de choisir un compositeur novice de 43 ans. Mais Williams a tapé juste, Spielberg a bien un problème ! En 1975, les effets spéciaux ne sont pas ceux d'aujourd'hui. Le requin des *Dents de la mer* n'a rien d'effrayant, c'est un bloc de caoutchouc peint. Si Spielberg le montre si peu à l'écran, c'est justement pour éviter que les spectateurs ne voient la supercherie.

Spielberg décide de confier à Williams la composition de la musique de son film. Il ne le regrettera pas : ses deux notes sont parmi les plus célèbres de l'histoire du cinéma. *Jaws* est le premier blockbuster mondial. Il a couté 9 millions de dollars, une belle somme à l'époque. Mais il en a rapporté 470 ! À 28 ans, Spielberg devient une star planétaire, fait fortune, et se choisit un compositeur qui l'accompagnera toute sa carrière : John Williams.

Décryptage

L'orientation client est un facteur clé de succès des entreprises les plus performantes. De Southwest Airlines à Toyota en passant par le Cirque du Soleil et Free, de nombreuses entreprises ont réussi grâce à cela. C'est une compétence fondamentale du leadership. De nombreuses grandes entreprises françaises, notamment celles issue d'une culture publique, cherchent à la renforcer. Plusieurs se réunissent dans l'association Esprit de Service fondé par le directeur de la qualité de La Poste. C'est un enjeu stratégique : la SNCF par exemple compte près de 22 000 salariés au contact des clients !

Steven Spielberg a choisi John Williams. Pourquoi ? Car il avait parfaitement compris son problème. L'histoire des *Dents de la mer* montre qu'il n'est pas nécessaire d'avoir les meilleures références pour être choisi par un client. Il n'est pas non plus suffisant d'avoir le meilleur produit, en l'occurrence la meilleure musique. La première attente d'un client, c'est souvent d'être compris. L'orientation client repose sur la volonté sincère de le comprendre et de le satisfaire. Un bon vendeur saura identifier les problèmes de son client… parfois mieux que lui-même !

Moralité

Cherchez à comprendre le problème profond de votre client.

Quatre conseils pour développer l'orientation client de vos collaborateurs

1. Mettez vos collaborateurs dans les chaussures vos clients

Une entreprise, surtout de grande taille, est souvent égocentrique. Les fonctionnements internes absorbent une grande part de l'énergie. Il est facile de perdre le client de vue. Pris par les processus internes, le client devient parfois un « concept ». Comprendre son client doit être une préoccupation de chaque instant. Elle nécessite de se poser des questions en permanence : « Qui est-il ? Quel est le caillou dans sa chaussure ? Quels sont ses défis ? » En B2C, cherchez à comprendre chaque client sans généraliser. En B2B, intéressez-vous à votre interlocuteur en tant que personne afin de comprendre ses défis personnels. N'oubliez pas de l'interroger régulièrement sur ce qu'il attend de vous, même (surtout !) si vous travaillez ensemble depuis plusieurs années. Jeff Bezos, patron d'Amazon, a établi une règle : dans toutes les réunions internes, l'un des participants joue le rôle du client. Les salariés bénéficient souvent d'avantages tarifaires sur les produits de leur entreprise, ce qui contribue à leur déconnexion (un cadre SNCF réalise-t-il ce que coûte le train alors qu'il est presque gratuit pour lui ?). Pour éviter ces écueils, transformez vos collaborateurs en « client mystère » dans vos propres points de vente. Ne ratez pas une occasion de leurs faire utiliser les services de votre entreprise.

2. Comportez-vous avec vos salariés comme vous souhaitez qu'ils se comportent avec vos clients

Le concept de « symétrie des attentions » est né en 2007 de deux hôteliers français. Trois ans plus tard, il a été popularisé par Vineet Nayar, PDG d'une entreprise technologique indienne de 100 000 salariés, dans son livre *People First, Customers Second*. L'idée paraît triviale : il est plus facile de reproduire un comportement dont on bénéficie soi-même. Si vous souhaitez que vos salariés se comportent avec égard vis-à-vis de vos clients, commencez par vous comporter avec égard vis-à-vis d'eux. Plusieurs entreprises essaient d'appliquer ce principe. Il nécessite notamment d'aligner les indicateurs internes et externes, la satisfaction des collaborateurs devant être pilotée avec la même attention que la satisfaction client.

3. Recrutez les bonnes personnes

Être confronté aux clients n'est pas une sinécure. Les clients sont exigeants et versatiles. De nombreuses entreprises peinent à trouver des volontaires pour les métiers commerciaux. Soyez particulièrement vigilant en recrutement. Edgar Schein, chercheur au MIT, a montré que « le sens du service » est la source de motivation principale d'une personne sur huit seulement. Dans l'entreprise de vente en ligne Zappos, les candidats téléconseillers passent une douzaine d'entretiens pour tester leur orientation client avant d'intégrer l'entreprise. Sélectionnez les candidats principalement sur leur état d'esprit : les compétences techniques s'acquièrent plus facilement qu'un état d'esprit orienté client.

4. Consacrez du temps et des moyens à l'accompagnement de vos collaborateurs

Si l'orientation client est un élément constitutif de votre culture d'entreprise, elle concerne tout le monde, pas seulement les vendeurs. Formez aussi les fonctions supports et les personnels en usine. Les compétences de savoir-être s'érodent souvent plus rapidement que le savoir-faire. Une piqûre de rappel tous les trois ans est un minimum. Consacrez du temps à l'accompagnement de vos collaborateurs. Valorisez vos meilleurs ambassadeurs et mettez en lumière les histoires les plus marquantes. Ibby Piracha, un jeune homme sourd de 23 ans, se rend trois fois par semaine dans le même Starbucks. Un matin, une caissière lui a fait une surprise : elle a appris la langue des signes pour qu'il ait « la même expérience que tout le monde ». Quelle meilleure démonstration de l'orientation client ?

Par où commencer ?

Qu'est-ce que vos clients attendent de vous ?

....

....

....

....

Comment pouvez-vous contribuer à résoudre les problèmes dont ils vous ont parlé, et ceux dont ils ne vous ont pas parlé ?

....

....

....

Pour aller plus loin : Vineet Nayar, *Les employés d'abord, les clients ensuite*, Diateino, 2011

Sur le thème « Développer son activité », voir aussi les leçons 20, 31 et 36.

Pourquoi General Motors n'arrive plus à vendre de voitures électriques ?

#ConduiteDuChangement

General Motors fut la première marque automobile à commercialiser une voiture électrique de série. Alors que ce secteur est en pleine croissance aux États-Unis, General Motors en est tenu à l'écart. La faute à une erreur qui a marqué la mémoire des acheteurs potentiels.

Au XIXe siècle, les premières voitures étaient électriques. Mais après l'invention du moteur à essence par Karl Benz, les autres technologies tombent peu à peu en désuétude. Jusqu'à ce qu'un groupe d'ingénieurs de General Motors (GM) décide de relancer la voiture électrique. Propre, sûre, confortable, la voiture électrique est la voiture de l'avenir. En 1996, la EV1 (*Electric Vehicule number one*) sort des chaînes de montage de GM. C'est la première voiture électrique de série de l'histoire. Elle n'est ni allemande, ni française, ni japonaise, mais bien américaine ! Mille deux cents exemplaires de la EV1 sont écoulés entre 1996 et 1999, principalement en Californie et uniquement via le bouche à oreille. Hugh Grant et Mel Gibson font partie des promoteurs de cette drôle de petite voiture silencieuse et non polluante.

Mais soudain, GM change de stratégie. La nouvelle direction vient de racheter Hummer, une marque de 4 × 4 au look militaire. La EV1, voiture ouvertement écolo, devient gênante. Sa production est arrêtée. En Californie, les voitures ne sont généralement pas achetées mais louées en leasing. GM décide de retirer tous les véhicules en circulation. Les utilisateurs sont contactés un par un, et en 2004, il ne reste plus que 78 EV1 sur le sol américain. Fin de l'histoire ? Pas tout à fait.

Devant le parking où sont garées les 78 dernières EV1 avant leur départ à la casse, leurs locataires tiennent un siège qui durera 27 jours. Ils n'ont pas du tout l'intention de se laisser faire. Ils rappellent que la EV1 a réussi grâce à eux. GM n'a pas dépensé un centime en publicité, la firme de Detroit a seulement compté sur le bouche à oreille. GM est décidément bien ingrat ! L'histoire fait les gros titres des journaux télévisés, attirés par cette histoire à la David contre Goliath. GM évacue le parking par la force, gagne la manche mais perd la bataille de l'opinion.

Cinq ans après, poussé par l'administration Obama, GM lance un nouveau projet de voiture électrique, la Chevrolet Bolt. Les militants de la EV1 se réveillent. Ils utilisent la presse pour se rappeler aux souvenirs de GM. Devant les critiques, GM recule et annonce l'abandon du projet en mars 2012. Quelle ironie ! GM, pionnier de l'électrique, se retrouve exclu de ce marché en pleine croissance.

Décryptage

« Rien n'est permanent, sauf le changement », disait Héraclite d'Ephèse. Aujourd'hui, les entreprises vivent des transformations permanentes. En 2015, les Chinois ont acheté 20 millions de voitures contre 5 millions dans les années 2000. En Europe, il s'est vendu plus de Tesla Model S que de Mercedes Classe S alors que l'entreprise américaine n'a que 12 ans. La Google Car, la voiture autonome de Google, a été autorisée à circuler sur la voie publique dans plusieurs États américains. Le secteur automobile est une bonne illustration que tout change : le marché, la concurrence, la technologie. Pour survivre, les entreprises doivent s'adapter à toute vitesse.

John Kotter, professeur à Harvard, rappelle que 70 % des projets de changement échouent. Pourquoi ? Parfois par manque de moyen ou pour des raisons techniques, mais beaucoup plus souvent pour des raisons humaines. L'échec de la Chevrolet Bolt n'a rien à voir avec la technologie.

Un projet a des alliés, des opposants, des indécis. La tendance naturelle est de consacrer son énergie à convaincre ses opposants. C'est une erreur. C'est grâce aux alliés que votre projet réussira ! Utilisez-les, valorisez-les, faites-en des ambassadeurs de votre projet. GM a oublié ce fondamental. Faute de les reconnaître, voire tout simplement de les écouter, l'entreprise a transformé en opposants ses alliés de la première heure. Il lui faudra plusieurs années pour se relancer sur le marché de l'électrique.

Moralité

Pour réussir votre projet, consacrez à vos alliés l'essentiel de votre attention.

Quatre conseils pour conduire un projet de changement

Sorti en 1996, *Leading Change* de John Kotter est l'ouvrage de référence sur la conduite du changement. Il préconise une démarche en huit étapes. Voici les quatre premières. Elles vous mettront sur la voie du succès.

1. Créez un sentiment d'urgence

Cette première étape est la clé d'une mise en mouvement réussie. Kotter recommande de jouer sur les émotions plus que sur la raison. Il cite l'exemple d'une entreprise qui souhaitait changer sa politique d'achat et réduire son nombre de fournisseurs. Mais les freins internes étaient importants, chacun souhaitant conserver son approvisionneur habituel. Un stagiaire de la direction des achats a constaté que l'entreprise, qui comptait 424 usines, utilisait 424 types de gant, chaque usine ayant son propre fournisseur. Il a rassemblé ces 424 paires de gants et formé une « montagne de gants ». Elle est vite devenue le symbole de ce qu'il fallait changer urgemment. Ceux qui la voyaient comprenaient tout de suite l'intérêt d'une rationalisation des achats. Inspirez-vous de cette histoire : faites la preuve éclatante de l'urgence de changer !

2. Formez une coalition puissante

Pour réussir un changement, appuyez-vous sur vos alliés. Formez une coalition qui guidera l'ensemble de la troupe. Vous la choisirez avec soin : les membres de ce groupe devront être légitimes, connaître le sujet dont il est question et disposer du pouvoir nécessaire. Pour mettre en place un nouveau logiciel, vous vous appuierez par exemple sur ses principaux utilisateurs. Il n'est pas nécessaire que vos « ambassadeurs » soient à des positions hiérarchiques élevées. Au contraire, l'effet d'entraînement sera plus fort si vos équipes voient l'un de leur collègue utiliser le nouvel outil. Ensuite, vous veillerez à établir un climat de confiance entre les membres du groupe, à les informer, à les reconnaître. C'est l'étape sur laquelle GM a failli.

3. Développez une vision ambitieuse

La vision est le meilleur moyen de mobiliser et de coordonner les équipes. Elle s'oppose à l'approche autoritariste « Faites-le parce que je vous le demande » et au micromanagement « Faites ceci, faites cela ». Une vision bien construite peut se résumer en quelques mots, voire constituer un véritable cri de ralliement, par exemple : « 100 % de clients satisfaits ! » Développez une vision ambitieuse. Ne sous-estimez pas les freins au changement, mais ne les surestimez pas non plus. Le 3 septembre 1967, la Suède passa à la conduite à droite. Jusque-là les voitures roulaient à gauche. Les autorités avaient anticipé de telles difficultés qu'elles avaient imposées une forte réduction des vitesses de circulation pendant 12 mois. Or, les conducteurs se sont habitués au nouveau sens de circulation en moins d'une semaine. Les promoteurs du projet se sont vite démobilisés. Pour conserver l'engagement sur votre projet, rallumer en permanence la flamme de l'ambition.

4. Consacrez du temps à la communication

Communiquer nécessite souvent beaucoup plus d'efforts qu'on ne le pense. Il ne suffit pas de présenter son projet lors d'une conférence devant plusieurs centaines de salariés pour que le message soit entendu et compris. Tout d'abord, les actions parlent plus que les discours. C'est par son exemplarité que le manager montrera le chemin. Ensuite, la communication ne doit pas être à sens unique. Une bonne communication est un dialogue, elle permet aux salariés de s'exprimer afin que le chef de projet puisse ajuster sa communication à la façon dont elle est perçue par la cible. Quelques conseils : privilégiez les mots simples ; répétez souvent les mêmes messages en utilisant plusieurs canaux ; prenez les devants pour expliquer les contradictions entre l'ambition et la réalité. Prévoyez le temps nécessaire pour faire passer le message.

Par où commencer ?

Avez-vous dit à vos alliés que vous comptez sur eux ?

....

....

....

....

Comment allez-vous les transformer en ambassadeurs du changement ?

....

....

....

....

Pour aller plus loin : John Kotter, *Conduire le changement*, Pearson, 2015

Sur le thème « Conduire un projet de changement », voir aussi les leçons 45 et 51.

Comment un simple traducteur est-il devenu l'entraîneur de foot le mieux payé au monde ?

#DéveloppementDesCollaborateurs #talents

http://bit.ly/2cYKEdE

José Mourinho fut jusqu'en 2015 l'entraîneur de foot le mieux payé au monde. Son parcours est inhabituel : il n'a jamais joué au football. Il a commencé sa carrière dans les bureaux d'un club de foot en tant que traducteur. Mais son manager lui a donné l'occasion de dévoiler d'autres talents.

Fils d'un footballeur professionnel portugais, José Mourinho baigne dans le football depuis l'enfance. Le jeune José se rend vite compte de ses limites physiques et choisit une autre voie professionnelle que son père : il devient traducteur.

Bobby Robson est l'ancien capitaine de l'équipe de foot d'Angleterre. Devenu entraîneur en 1997, il est recruté par le FC Porto. Il ne parle pas portugais, rencontre José Mourinho et le recrute comme traducteur. Mourinho suit Robson pendant quatre ans, d'abord au FC Porto puis au FC Barcelone. Très vite, Robson se rend compte que Mourinho n'est pas un traducteur comme les autres. Il s'y connaît très bien en football. Son analyse des tactiques de jeu lui semble particulièrement pertinente. Il décide de lui donner sa chance. Un jour que son équipe prépare un match de Coupe d'Europe, Robson demande à Mourinho de lui écrire une fiche sur l'équipe adverse. Le résultat lui plaît tant qu'il demande à Mourinho d'écrire des fiches sur toutes les équipes rencontrées. Au fil des mois, Mourinho peaufine son analyse des tactiques de jeu. Et comprend comment les déjouer.

Après le départ de Robson, Mourinho est recruté comme entraîneur par le FC Porto, à l'époque un club de seconde zone du championnat portugais. Mourinho a de grandes ambitions : il leur promet la Coupe d'Europe ! Forfanterie ? Grâce à sa connaissance des équipes européennes, Mourinho met au point la stratégie du « retournement ». Elle consiste à exploiter une faille du jeu adverse lors du repli après une attaque ratée. Mourinho demande à ses joueurs l'application à la lettre de la tactique qu'il leur enseigne. Et ça marche ! Deux ans après sa prise de fonction, en 2003, il gagne la Ligue des champions contre les plus grands clubs européens.

Désormais, Mourinho est sur le devant de la scène. Il signe avec le magnat russe Roman Abramovitch qui vient de racheter le club anglais de Chelsea. Son contrat à 4,2 millions de livres fait de lui l'entraîneur le mieux payé au monde. Lorsqu'il débarque à Londres, les journalistes le connaissent bien : c'est lui qui traduisait Bobby Robson au Portugal ! Cinq ans plus tard, il se présente à eux comme entraîneur. Comment a-t-il fait ? « *I am the special one* », leur répond Mourinho avec ce mélange de flegme et d'audace qui le caractérise. Ce surnom lui est resté.

Décryptage

Il y a, dans l'histoire de José Mourinho, un personnage extraordinaire : Bobby Robson. Robson aurait pu cantonner Mourinho dans son rôle de traducteur. Après tout, c'est pour cela qu'il l'avait embauché. Mais Robson est un coach sportif remarquable ainsi qu'un formidable manager (l'un va avec l'autre, probablement). Il a l'intuition que son collaborateur a d'autres talents que celui pour lequel il est payé. Il lui donne sa chance... Bien joué ! La légende de José Mourinho commence.

En tant que manager, vous encadrez des collaborateurs qui ont probablement d'autres compétences que celles pour lesquelles vous les payez. Pour découvrir leurs talents inexploités, il suffit peut-être d'en parler avec eux et de leur confier des tâches hors de leur périmètre. Le but est de les tester et de leur offrir l'opportunité de se développer. Vous n'avez que des belles surprises à en attendre !

Moralité

Donnez à vos collaborateurs l'occasion de révéler tous leurs talents.

Quatre conseils pour développer vos collaborateurs

1. Accordez des marges de manœuvre

Daniel Pink a écrit en 2011 un livre inspirant : *Drive* (en français, *La vérité sur ce qui nous motive*). Il y montre l'importance de la motivation dans la performance des collaborateurs, et donne des recettes très concrètes. Les collaborateurs sont plus motivés quand ils se sentent acteurs et pas seulement exécutants. Cette évidence n'est pas toujours exploitée par les managers, qui peuvent avoir tendance à un mode de management directif laissant peu de place à l'autonomie. Fixez des objectifs de résultats, pas des objectifs de moyens. Expliquez à vos collaborateurs les marges de manœuvre que vous leur accordez. Faites leur confiance, prenez des risques en leur confiant des tâches en dehors de leur strict périmètre.

2. Focalisez-vous sur le positif

Martin Seligman a été élu président de l'American Psychological Association en 1998. Sa contribution majeure est d'avoir lancé le mouvement de la « psychologie positive ». Il raconte que l'idée lui est venue après une discussion avec sa fille de 5 ans qui lui reprochait de râler tout le temps. Elle l'a aidé à comprendre qu'on peut passer à côté de sa vie si l'on n'entraîne pas son esprit à percevoir le positif. Avant lui, 90 % des articles scientifiques en psychologie étaient consacrés aux troubles comme l'angoisse et la dépression. La nouvelle psychologie de Seligman ne vise pas à aider les gens à passer de –5 à 0 sur l'échelle de satisfaction mais à passer de 0 à + 5. Les émotions sont contagieuses. Si vous croyez dans vos collaborateurs, cela les aidera à prendre confiance en eux. Évitez de vous focaliser sur les échecs, acceptez-les comme une source de progrès. Par exemple, plutôt que de leur demander « Vas-tu réussir ? », posez-leur la question : « Comment vas-tu réussir ? » Comme le montre Seligman, le parti pris du succès est un formidable levier de développement.

3. Aidez vos collaborateurs à se dépasser

Henry Kissinger fut secrétaire d'État américain. Il reçut le prix Nobel de la paix en 1973 pour son action dans la résolution de la guerre du Vietnam. L'un de ces anciens collaborateurs raconte cette anecdote : un jour, il remet à Kissinger un projet de discours. Le lendemain, Kissinger l'appelle : « Est-ce le mieux que vous pouvez faire ? » Sans un mot, le collaborateur reprend son papier pour le retravailler. Il réécrit le document et le transmet à nouveau. Kissinger lui demande « Êtes-vous certain que c'est le mieux que vous pouvez faire ? » La situation se reproduit neuf fois. Le collaborateur finit par lui répondre « Monsieur Kissinger, je me suis creusé la cervelle, j'ai donné tout ce que j'avais, c'est mon neuvième essai, je ne peux pas faire mieux. » « Alors je vais le lire, maintenant », lui répond Kissinger. Il suffit parfois d'être exigeant avec vos collaborateurs pour les aider à donner le meilleur d'eux-mêmes !

4. Adoptez une démarche réfléchie

Stephan Perrot est un champion français de natation. Il raconte que son premier entraîneur lui faisait essentiellement travailler son principal point faible : les bras. Pendant plusieurs années, les résultats sont décevants. Il décide de changer d'entraîneur. Celui-ci lui demande de travailler principalement les jambes. Stephan s'étonne : « Ça ne sert à rien, je suis le meilleur de France sur les jambes ! » Son nouvel entraîneur lui répond que le monde ne se limite pas à la France. Il l'envoie s'entraîner au Japon avec un coach spécialisé dans le travail des jambes. Puis il lui demande d'entraîner des enfants (étonnant pour un champion comme lui !). Enfin, il lui fait faire des séries de plus en plus dures. Fruit de ce travail, Stephan Perrot obtient la médaille d'or aux Championnats d'Europe de natation en 2000. Le développement des collaborateurs est une démarche réfléchie. Focalisation sur les points forts, apprentissage par la transmission ou plan de progrès graduel, construisez avec chacun un plan de développement personnalisé.

Par où commencer ?

Si vous posiez simplement la question à votre collaborateur « Selon toi, quelle serait la meilleure façon pour toi de développer de nouvelles compétences ? », quelle réponse obtiendriez-vous ?

....

....

....

....

Pour aller plus loin : Daniel Pink, *La vérité sur ce qui nous motive*, Flammarion, 2016

Sur le thème « Développer les compétences », voir aussi les leçons 4, 14 et 25.

Que s'est-il passé dans la cabine de pilotage lors du crash du vol Rio-Paris ?

#intuition #PriseDeDécision

Le 1er juin 2009, le vol Air France reliant Rio de Janeiro à Paris se crashe en pleine mer. Cet accident aérien est l'un des plus meurtriers des trente dernières années. Il illustre les difficultés de la prise de décision sous stress et les limites de l'intuition.

Nous sommes à la fin d'une belle journée d'automne. Lorsque l'Airbus A330 décolle de Rio de Janeiro vers Paris, la météo ne signale aucune difficulté particulière. Pour les pilotes, c'est la routine : à eux trois, ils totalisent 21 000 heures de vol, notamment sur les routes transatlantiques. Le vol devrait se passer sans encombre. Mais le sort en a décidé autrement.

À 2 h du matin, l'Airbus A330 vole à 35 000 pieds au-dessus de la mer. L'avion traverse un nuage de givre. Des cristaux de glace pénètrent dans les sondes Pitot, les obstruent et empêchent leur fonctionnement – les sondes Pitot servent à mesurer la vitesse relative de l'avion. En l'absence d'information en provenance des sondes Pitot, le pilote automatique se déconnecte. L'Airbus passe en pilotage manuel. Surpris, le pilote aux commandes maîtrise mal la trajectoire. L'avion décroche. Sa chute durera 3 minutes et 30 seconde, jusqu'à l'issue tragique.

Habituellement, pour faire remonter un avion, il faut tirer sur le manche. Mais en cas de décrochage, cela ne fonctionne pas : le pilote doit faire plonger le nez de l'appareil. En accélérant, l'appareil retrouve de la portance et peut ensuite remonter. La bonne réaction, en cas de décrochage, est donc de pousser sur le manche. Le pilote du vol Rio-Paris a fait précisément l'inverse. Alors que l'alarme de décrochage a retenti 74 fois, il n'a eu de cesse de cabrer l'appareil. En tirant sur le manche, il a donné à l'avion une assiette de 15 degrés. Dans cette situation, l'avion n'est qu'une masse inerte, incapable de voler. Pour utiliser une image, c'est comme un autocar sur une plaque de verglas : l'intuition pousse à freiner alors qu'il faut au contraire accélérer pour retrouver de l'adhérence. Dans le cas du Rio-Paris, le dérapage a duré 3 minutes et 30 seconde… et il y avait trois chauffeurs dans la cabine de pilotage. Comme paralysés, les trois pilotes n'ont pas su empêcher la tragédie.

Décryptage

Les chercheurs estiment que l'intuition naît en seulement 33 millièmes de seconde. Ce temps suffit par exemple à notre cerveau pour évaluer la fiabilité d'une personne ou la réponse à donner à une situation d'urgence. Cette aptitude du cerveau humain est un grand atout lorsqu'il faut décider vite.

Colin Powell, l'ancien secrétaire d'État américain, explique qu'un dirigeant doit savoir prendre une décision en n'ayant que 40 à 60 % des données dont il a besoin, et de compenser le reste en utilisant son expérience et son intuition.

Mais l'intuition n'est pas magique. La prise de décision est un exercice délicat. Il est difficile de décider seul, à tête reposée. Il est encore plus difficile de décider à plusieurs, sous stress, dans une situation inconnue. C'est le défi auquel étaient confrontés les trois pilotes du vol Rio-Paris.

L'intuition peut être mauvaise conseillère. Pour s'appuyer dessus, l'expérience de situations similaires est indispensable. L'intuition ne peut pas inventer une réponse neuve à un problème neuf, elle fonctionne par analogie avec une situation déjà vécue. Ce n'était pas le cas des pilotes du Rio-Paris qui n'avaient jamais connu de décrochage à très haute altitude. Le pilote aux commandes, le plus jeune, s'est fié à son intuition : on tombe, donc je tire sur le manche pour remonter. Mais cela ne fonctionne pas en cas de décrochage. La situation était inédite pour eux trois. C'est un cas de figure dans laquelle l'intuition n'est d'aucune aide, bien au contraire malheureusement…

Moralité

Sachez utiliser votre intuition à bon escient.

Quatre conseils pour utiliser votre intuition

1. Lorsque vous manquez de données objectives, faites-vous aider par votre intuition...

Le psychologue Gary Klein relate l'histoire d'un commandant de pompier qui fut capable de « pressentir » qu'une maison en feu allait s'écrouler et fit évacuer ses hommes. L'instant d'après, la maison s'effondrait. Interrogé sur ce qui l'avait poussé à prendre cette décision qui a sauvé son équipe, le pompier a été incapable de donner des raisons logiques. Il avait ressenti « dans ses tripes » que quelque chose n'était pas comme d'habitude. Même s'il ne s'en est pas rendu compte, le bruit inhabituel des flammes l'a probablement alerté (une maison sur le point de s'effondrer émet un grincement caractéristique). Gary Klein se sert de cet exemple pour montrer que, lorsque l'on manque de données objectives, l'intuition permet de prendre des décisions justes et rapides grâce à la prise en compte de signaux faibles.

2. ... mais n'utilisez votre intuition qu'à la condition d'avoir l'expérience de situations similaires

Daniel Kahneman a la particularité d'être un prix Nobel d'économie… qui n'a jamais fait d'économie. C'est un psychologue. Récompensé en 2002, il a démontré les limites de la rationalité humaine. Kahneman montre que notre esprit a deux facettes, la pensée rationnelle et la pensée intuitive. La première nécessite une mise en œuvre consciente et demande de l'énergie. La seconde fonctionne en permanence et ne nécessite aucun effort. C'est donc souvent la pensée intuitive qui s'exprime en premier lorsque nous avons une décision à prendre. L'intuition fonctionne par analogie avec des situations vécues. Trois conditions doivent donc être remplies pour que l'intuition soit fiable : une grande expérience personnelle antérieure (qui a par exemple permis au chef pompier de ressentir des signaux faibles) ; un feedback sur les décisions antérieures (par exemple, ne laissez pas l'intuition guider vos décisions d'embauche si vous n'avez aucun retour sur le succès de vos précédents recrutements) ; une certaine prévisibilité de la situation (par exemple, l'intuition vous sera d'une aide limitée en finance où le comportement des marchés est souvent imprévisible).

3. Gardez la tête froide

Le stress réduit nos capacités mentales. Les professionnels habitués aux situations stressantes le savent bien. Par exemple, les aiguilleurs ferroviaires ont l'habitude de prendre le temps de fumer une cigarette avant de traiter un incident d'exploitation. Cela leur évite de tomber dans la facilité du premier réflexe et les oblige de prendre en compte l'ensemble des données du problème. L'urgence est mauvaise conseillère. Si vous êtes plusieurs, appuyez-vous sur le groupe en interrogeant chacun : « avez-vous déjà vécu cette situation ? » Il est toujours utile de se comparer à des cas similaires – pour autant qu'ils le soient vraiment – et votre équipe peut vous y aider. Rappelez-vous que la réalité est souvent beaucoup plus compliquée qu'il n'y paraît. Cherchez toujours à poser calmement les données du problème avant de décider.

4. Recherchez toujours la troisième option

La pensée intuitive est binaire : « 1 » ou « 0 ». Elle vise à produire très rapidement des réponses simples à une situation immédiate. Mais la situation est souvent complexe. La pensée intuitive a donc tendance à réduire très fortement notre champ de réflexion en réduisant le problème à une question fermée : faut-il pousser ou tirer sur le manche de l'avion ? Faut-il ou non licencier ce collaborateur ? Pour éviter de foncer tête baissée dans une réponse simpliste, obligez-vous à construire des scénarios. Quelle serait la troisième solution ? Quelles sont les alternatives ? Cela vous permettra d'identifier des portes de sortie. Par exemple, face à un collaborateur incompétent mais motivé, une réorientation dans l'entreprise permettra d'éviter de s'en séparer.

Par où commencer ?

Avez-vous vécu des situations similaires ?

....

....

....

....

Quels sont les scénarios ?

....

....

....

....

Pour aller plus loin : Daniel Kahneman, *Système 1/Système 2. Les deux vitesses de la pensée*, Flammarion, 2012

Sur le thème « Savoir décider », voir aussi les leçons 6, 15, 32 et 37.

Que nous apprend Zlatan Ibrahimovic sur les risques psychosociaux ?

#RisquesPsychosociaux #harcèlement

On imagine difficilement une personnalité comme Zlatan Ibrahimovic victime de harcèlement. Et pourtant ! C'est cette expérience inattendue qu'il raconte dans les premières pages de sa biographie.

Zlatan Ibrahimovic n'est pas un footballeur qui laisse indifférent. Sa forte personnalité et ses excès attirent ou repoussent. Son palmarès le laisse sans rival en Europe : depuis 2004, il a gagné dix fois le championnat national aux Pays-Bas, en Italie, en Espagne et en France.

Zlatan Ibrahimovic publie en 2011 un livre autobiographique. Il y parle un peu de foot, beaucoup d'argent et surtout de ses relations avec ses coéquipiers et entraîneurs. Il commence par ce qu'il appelle « l'épisode le plus marquant de ma carrière ».

Zlatan, depuis qu'il est gamin, rêve de jouer au Barça. Avec ses nombreuses stars et sa collection exceptionnelle de titres nationaux et européens, ce club l'attire plus que tout autre. En septembre 2009, c'est avec fierté qu'il rejoint le club catalan. Il le quittera six mois plus tard. Que s'est-il passé ?

Le Barça est un club avec une forte culture. Ses grands joueurs y sont rentrés à 13 ou 14 ans. C'est le cas de Lionel Messi, la star locale, qui y a fait toute sa carrière. Les joueurs sont couvés. Interdiction de sortir après 23 h. Interdiction d'utiliser d'autres voitures que les austères Audi A6 du club. Avec sa Ferrari tapageuse, Zlatan comprend vite qu'il n'est pas de la famille. Ses relations avec l'entraîneur, Guardiola, restent très distantes. Lorsque Zlatan lui demande une discussion franche pour comprendre ce qui cloche, Guardiola lui répond par le silence. Zlatan se sent nul, rejeté. Il a l'impression que l'entraîneur lui en veut. Zlatan et Guardiola n'échangent pas un mot pendant trois mois.

En février 2010, le Barça joue un match important de la Ligue des champions. La tension est énorme pour les joueurs. Zlatan sait qu'il doit faire bonne impression devant un stade plein à craquer. Comme tous les champions, Zlatan se dépasse dans l'événement : il marque deux buts en première mi-temps. Il exulte : « J'ai réussi à montrer à mon entraîneur ce dont j'étais capable ! » Mais patatras, sans explication, Guardiola le laisse sur le banc en deuxième période.

Quelques jours plus tard, Guardiola aura cette phrase énigmatique : « Mais comment allons-nous pouvoir continuer comme cela ? »

Pour Zlatan, c'est clair, Guardiola lui demande de partir. Il démissionne du Barça six mois après y être entré, en plein doute sur ses capacités, victime de harcèlement moral.

Décryptage

La France a renforcé en 2015 la loi sur la prévention des risques psychosociaux (RPS). En particulier, la charge de la preuve n'incombe plus au salarié (celui-ci n'est tenu que d'apporter des éléments qui permettent de présumer l'existence d'un harcèlement moral). Au-delà de la démarche juridique de dernier recours, le manager porte la responsabilité de prévenir et traiter ces risques au quotidien.

9 % des Français disent avoir été victime de harcèlement ou d'intimidation au travail, ce qui place la France au premier rang des vingt-sept pays de l'Union européenne. Pourtant, une croyance encore trop répandue veut que les victimes de harcèlement soient forcément des personnes faibles et fragiles. C'est cela qui rend cette violence particulièrement insidieuse : la victime se sent responsable, voire coupable. Il existerait une prédisposition à être harcelé. L'histoire de Zlatan Ibrahimovic montre que cette croyance est infondée.

Moralité

Tout le monde est exposé aux risques psychosociaux.

Quatre conseils pour réduire les risques psychosociaux pour vous-même et les autres

1. Montrez l'exemple : arrêtez-vous, ne serait-ce qu'une minute

Selon l'Apec, 40 % des cadres français estiment que les objectifs qu'on leur fixe sont inaccessibles. La pression pousse à essayer d'en faire toujours plus (les cadres français travaillent 44 heures par semaine en moyenne). Serge Marquis, médecin québécois, est l'un des meilleurs experts mondiaux de la gestion du stress et de la prévention des risques psychosociaux. Son conseil : arrêtez-vous ! « Nous sommes tous dans un sentiment d'urgence. À notre époque, cela demande une certaine dose de courage de s'arrêter. Cela fait trente ans que je soigne des gens qui se sont brûlés au travail. On ne peut pas apprivoiser le stress si on ne s'arrête pas. Je ne parle pas de s'arrêter une journée, une semaine, un mois. Je parle de s'arrêter une minute ! Nous en avons absolument besoin pour réfléchir, pour voir les choses autrement et pour changer. »

2. Apprenez à vous protéger

En 1997, le chaman mexicain Migel Ruiz a publié un livre d'une centaine de pages : *Les quatre accords toltèques*. Il connut une résonance mondiale grâce à l'animatrice Oprah Winfrey qui le conseilla à ses millions de téléspectateurs souffrant de stress. À force de conditionnements culturels et éducatifs (« Je dois être gentil », « Je dois réussir », etc.), nous avons intégré une fausse image de nous-même et du monde. Migel Ruiz nous invite à passer quatre accords avec nous-même : « *Que votre parole soit impeccable* » :

parlez avec intégrité, ne dites que ce que vous pensez. N'utilisez pas la parole contre vous ni pour médire d'autrui ; « *N'en faites jamais une affaire personnelle* » : ce que les autres disent et font n'est qu'une projection de leur propre réalité. Lorsque vous êtes immunisé contre cela, vous n'êtes plus victime de souffrances inutiles ; « *Ne faites aucune supposition* » : ayez le courage de poser des questions et d'exprimer vos vrais désirs. Communiquez clairement avec les autres pour éviter tristesse, malentendus et drames ; « *Faites toujours de votre mieux* » : votre « mieux » change d'instant en instant. Quelles que soient les circonstances, faites simplement de votre mieux et vous éviterez de vous juger. Les idées de Migel Ruiz ne sont pas nouvelles. Elles ont cependant le mérite de nous rappeler avec des mots simples que le manque de distance ou la généralisation abusive sont des pièges à éviter.

3. En tant que manager, sachez reconnaître les comportements toxiques

À quel moment passe-t-on du stress positif facteur d'émulation, au stress négatif source de dépression ? La frontière n'est pas facile à établir car elle dépend de chacun. Cependant, certains signes doivent vous alerter : l'isolement d'un collaborateur qui se sent rejeté du groupe, les atteintes à sa dignité par des petites moqueries pouvant sembler inoffensives, les allusions déplacées, les vexations répétées, l'intimidation, etc. Le manager n'est pas toujours le mieux placé pour analyser la situation, alors n'hésitez pas à interroger ses collègues si vous avez l'impression de quelque chose qui cloche. Les risques psychosociaux naissent souvent de petits événements insignifiants mais qui, mis bout à bout, constituent une vraie agression. N'ayez pas peur de recadrer, voire de sanctionner des agissements même mineurs, cela aidera chacun à comprendre où sont les limites.

4. Faites-en une affaire collective

Intéressez-vous à la situation collective de votre équipe. Les chiffres d'absentéisme, par exemple, peuvent être un indicateur de malaise. Le fait de comprendre les risques auxquels sont confrontées les équipes vous aidera à poser un diagnostic et à établir un éventuel plan d'action. Mobilisez l'entreprise. Le manager ne voit qu'une partie de la question. Le sujet de risques psychosociaux concerne de nombreux professionnels au sein de l'entreprise : la médecine du travail, les syndicats (le CHSCT notamment), la DRH mais aussi les managers de proximité. C'est en travaillant de concert que vous obtiendrez les meilleurs résultats.

Par où commencer ?

Quels sont les risques psychosociaux dans votre organisation ?

....

....

....

....

Les salariés savent-ils à qui s'adresser en cas de problème ?

....

....

....

....

Pour aller plus loin : Dr Serge Marquis, *On est foutu on pense trop !*, éditions de La Martinière, 2015

Sur le thème « Renforcer la performance de l'équipe », voir aussi les leçons 8, 12 et 29.

Quels enseignements tire la SNCF du lancement cauchemardesque du TGV nord ?

#EntrepriseApprenante #benchmarking

Depuis vingt ans, la SNCF a lancé avec succès plusieurs lignes TGV : Eurostar, TGV Méditerranée, TGV est, TGV Rhin-Rhône. Chaque ouverture de ligne est un projet colossal. SNCF a su faire de ces lancements de grands succès commerciaux et industriels. Mais il n'en a pas toujours été ainsi.

En 1993, après le TGV Paris-Lyon et le TGV Atlantique, la SNCF prépare le lancement du TGV Nord. C'est une étape importante. Premier TGV international, cette nouvelle ligne fait basculer la SNCF dans l'ère de la grande vitesse : désormais, la majorité des trajets grandes lignes seront effectués en TGV. Le vieux système informatique ne tiendra pas le choc, il faut en changer. C'est aussi l'occasion de revoir la politique commerciale. Fini le tarif unique par train, le prix du billet dépendra désormais de la catégorie du client et de la date d'achat (c'est le *yield management*). Ainsi, la SNCF lance trois chantiers simultanés : l'ouverture d'une nouvelle ligne TGV, une nouvelle politique commerciale, un nouveau système informatique. Ce sera le projet Socrate, considéré aujourd'hui comme l'un des principaux échecs de l'entreprise. Que s'est-il passé ?

Lorsque la SNCF lance ce projet, les déboires informatiques s'accumulent. Ils retardent d'autant la formation du personnel. L'échéance du TGV Nord approche. Début 1993, la SNCF n'a pas d'autre choix que de débrancher son vieux système et de mettre Socrate en service. Le système n'est pas prêt, pas plus que les vendeurs. C'est la pagaille. En février 1993, la queue s'allonge aux guichets. Les journaux font leurs unes sur les témoignages de clients mécontents. La situation tourne au fiasco alors que la SNCF prépare les festivités du lancement du TGV Nord ! Dans l'urgence, les meilleurs ingénieurs sont mobilisés pour résoudre les problèmes informatiques.

En 1993, les compagnies aériennes font du *yield management* depuis longtemps. Plutôt que de passer des mois à réparer son système, la SNCF fait discrètement venir les experts d'une compagnie aérienne américaine. En quelques semaines, les experts américains corrigent les principaux bugs et adaptent le logiciel aux contraintes de l'entreprise. Le nouveau système est déployé.

Malgré des débuts laborieux, Socrate a grandement contribué au succès du TGV.

Décryptage

Face aux retards de développement de son système informatique, la SNCF a dû apprendre très vite… et dans la douleur. Cette histoire a fait progresser l'entreprise. Mais elle s'en serait bien passé : malgré le lancement du TGV Nord, le chiffre d'affaires de l'entreprise a baissé au premier semestre 1993.

Comme beaucoup d'autres, la SNCF a commencé par développer sa propre expertise avant de réaliser qu'elle existait ailleurs. L'ouverture sur l'externe est un facteur clé de succès des grandes entreprises. Celles-ci ont parfois tendance à se regarder le nombril, voire à se méfier de tout ce qui vient de l'extérieur (le fameux syndrome « *not invented here* »). Le projet Socrate a obligé la SNCF à regarder au dehors, c'est une habitude qu'elle a gardé depuis. Cela lui a permis de réduire les coûts et les risques de sa Recherche et développement. On ne peut pas être expert de tout. Qu'un opérateur de transport ne soit pas un spécialiste de l'informatique n'est finalement pas étonnant.

De ce point de vue, nous avons beaucoup à apprendre des pays émergents. Leurs pratiques d'innovation s'appuient souvent sur la copie de ce qu'elles ont vu ailleurs. Les pays émergents font face à des ressources limitées en argent et en temps. Ils veulent aller vite. Et pour cela, rien de mieux que le *benchmarking* : s'inspirer des autres pour progresser. C'est ainsi que des innovations de plus en plus nombreuses proviennent de pays asiatiques qui conjuguent excellence et bas coûts en privilégiant l'ingéniosité à l'Innovation avec un grand « i ». C'est une leçon d'humilité et de réalisme.

Moralité

Pour progresser rapidement, profitez de l'expérience des autres !

Quatre conseils pour faire de votre entreprise une entreprise apprenante

1. Cassez les barrières internes à l'entreprise

Michael E. McGill et John W. Slocum ont décrit les principales caractéristiques des entreprises apprenantes. Ils ont notamment montré que l'organisation interne joue un rôle important. Les entreprises les plus apprenantes sont les plus horizontales. Les entreprises verticales sont souvent les plus rigides, car elles reposent sur l'idée qu'un petit nombre de gens détiennent le savoir. Cela explique par exemple l'échec du lancement d'Eurodisney à Paris : les cadres américains ont reproduit le modèle de Disneyland en Floride sans prendre en compte les écarts de culture avec l'Europe. Ceux qui auraient pu les détromper n'ont jamais eu droit à la parole. Une entreprise apprenante est dirigée par des gens humbles qui admettent qu'ils ne savent pas tout et permettent aux salariés d'exprimer leurs doutes et leurs idées. La plupart des start-up sont des entreprises horizontales avec très peu de niveaux hiérarchiques. Cela les aide à s'adapter en permanence au marché. Inspirez-vous en.

2. Encouragez l'apprentissage en étant exemplaire vous-même

L'apprentissage est d'abord une question de culture. Les entreprises apprenantes rappellent en permanence à leurs employés la nécessité de progresser et leur en donne les moyens. Par exemple, EDF consacre 11 % de sa masse salariale à la formation. L'une des principales barrières au changement est la difficulté de faire évoluer la mentalité des managers. Certains estiment que, par leur position et leur expérience, ils n'ont plus rien à apprendre. D'autres pensent que les employés sont incapables de progresser (Carole Dweck appelle cela le « *fixed mindset* »). Pour faire bouger les lignes, les dirigeants doivent faire preuve d'exemplarité. Les dirigeants d'EDF suivent de nombreuses formations. Idem chez Orange, où Fabienne Dulac a suivi un mois de stage à l'université de Stanford avant de prendre la direction d'Orange France. De nombreux PDG demandent à un jeune cadre de les initier à la culture digitale. Le message est clair : chacun a le devoir de se former.

3. Allez chercher les bonnes idées à l'extérieur

Le *benchmarking* est souvent une façon simple et rapide de progresser, à condition de ne pas en abuser bien sûr. Le principe est simple : il s'agit d'identifier chez d'autres entreprises de bonnes pratiques et de les transposer dans son organisation. L'erreur classique consiste à copier sans réfléchir. Ce n'est pas parce que cela marche ailleurs que cela marchera chez vous. Un bon *benchmarking* commence donc par un diagnostic interne afin de poser clairement la problématique à résoudre. Ensuite, vous mènerez une étude externe visant à identifier des pratiques inspirantes et conduirez parallèlement la même démarche en interne. Il est en effet probable que de nombreuses bonnes idées existent déjà dans votre organisation. Enfin, organisez un échange pérenne d'informations. Les entreprises visitées attendent quelque chose en retour. Profitez-en pour structurer un partage régulier, par exemple tous les six mois, qui viendra enrichir les uns et les autres.

4. Faites preuve d'ingéniosité

Les pays émergents ont fait de l'ingéniosité l'une de leur spécialité. Les ressources sont rares ? Tant mieux ! L'innovation frugale (ou « *Jugaad* » en hindi) est la capacité à « faire plus avec moins ». Mansukh Prajapati, un potier indien, a conçu MittiCool, le réfrigérateur le plus écologique du monde. Développé en argile et 100 % biodégradable, il fonctionne sans électricité et peut conserver fruits, légumes et lait frais pendant plusieurs jours. Ce produit révolutionnaire a connu un succès fulgurant en Inde et dans de nombreux pays. Comme l'a montré Navi Radjou, auteur de *L'innovation Jugaad*, cet exemple inspire de grandes entreprises européennes. Siemens a ainsi développé un moniteur cardiaque doté de micros bon marché en lieu et place d'un coûteux système à ultrasons. Aujourd'hui, face à la réduction des budgets Recherche et développement, de nombreuses grandes entreprises mettent l'ingéniosité à l'honneur. C'est une façon simple et rapide de progresser.

Par où commencer ?

Pour montrer le chemin, quelle formation allez-vous suivre vous-même ?

....

....

....

....

Pour aller plus loin : Michael E. McGill et John W. Slocum, *The Smarter Organization : How to Build a Business That Learns and Adapts to Marketplace Needs,* John Wiley & sons, 1994

Sur le thème « Conduire un projet de changement », voir aussi les leçons 41 et 51.

Comment les frères Wright ont-ils doublé tout le monde dans la course à l'invention de l'aviation ?

#AttirerLesTalents #RetenirLesTalents #DonnerDuSens

Les frères Wright ont été les premiers hommes à voler sur un engin motorisé. Ce fut une grande surprise. À l'époque, tout le monde s'attendait à ce que soit Samuel Langley. Il semblait impossible à battre tant son prestige et son budget étaient grands. S'il s'est fait doublé par les frères Wright, c'est qu'ils n'étaient pas seuls.

C'est une époque de pionniers. Entre 1898 et 1905, aux États-Unis et en France, d'innombrables inventeurs font la course pour être le premier à voler sur un engin motorisé.

Samuel Langley est la personnalité la plus en vue. Professeur à l'université de Pittsburgh, il a remporté en 1886 la médaille Henry Draper pour ses travaux sur la physique solaire. À la fin du siècle, il se passionne pour l'aviation. Chaque vol est une première ou une tentative de record : un peu plus vite, un peu plus loin, un peu plus haut. Voilà un défi à la hauteur de l'égo démesuré de Langley.

En 1898, il obtient une dotation de 50 000 dollars du ministère de la Guerre américain et 20 000 dollars de fonds privés. Le montant sera doublé s'il est le premier à faire voler un avion. Il recrute à grands frais un jeune et brillant ingénieur, Charles Manly, auquel il confie la création d'un moteur de 52 chevaux, l'un des plus puissants de l'époque. L'avion de Langley n'a pas de train d'atterrissage et se crashe à chaque fois. Il faut construire un nouvel avion après chaque essai. Langley a les moyens, peu importe le gaspillage. Les journalistes du *New York Times* le suivent 24 heures sur 24 pour être présents au moment du premier vol. Il ne se produira jamais.

Pendant ce temps-là, les frères Wright construisent leur engin avec les maigres recettes de leur magasin de vélos. Ils n'ont pas fait d'étude mais ils poursuivent un rêve : voler. C'est un rêve fou, et les frères Wright sont un peu fous, et on a envie de les suivre. Les gens travaillent pour eux bénévolement, sans rien demander d'autre que de prendre part à ce rêve. Les frères Wright bénéficient du soutien bénévole d'Octave Chanute, ingénieur civil. Contribution cruciale, il leur explique comment stabiliser l'avion grâce au couplage d'une gouverne de direction et du gauchissement des ailes. Puis ils demandent à Charlie Taylor, employé dans leur magasin de vélos, de concevoir le moteur. Plein d'ingéniosité et emballé par le défi, Taylor construit en six semaines un moteur de 12 chevaux, quatre fois moins puissant que celui de Langley. Pourtant, c'est grâce à ce petit moteur que les frères Wright effectuent le premier vol motorisé le 17 décembre 1903. Ils n'ont même pas songé à inviter la presse. Tant pis pour la gloire...

La nouvelle se répand comme un feu de poudre. Samuel Langley est fou de rage. Il arrête toutes ses recherches. Son objectif était d'être riche et célèbre, voler n'était qu'un prétexte. Face à ce qu'il considère comme un échec, il démissionne. Dans les années suivantes, plutôt que de contribuer aux progrès de l'aviation, il cherche à faire invalider l'exploit des frères Wright. On se dit a posteriori que ça ne devait pas être très motivant de travailler pour quelqu'un comme lui. Et ceci explique sans doute cela.

Décryptage

Selon une étude de McKinsey, le monde manquera de 40 millions de « talents » d'ici vingt ans. En Europe, où le chômage des jeunes fait pourtant des ravages, 900 000 postes demeuraient vacants en 2015 dans le secteur informatique. Attirer et retenir les meilleurs talents est un défi pour toutes les entreprises, petites ou grandes.

Quelle est la première attente d'un jeune diplômé français qui cherche du travail ? À 32 %, être utile aux autres. C'est, quand on y regarde bien, le cas de la plupart des métiers. De l'informatique à la comptabilité en passant

Moralité

Pour motiver vos collaborateurs, expliquez-leur le sens de leur action.

par la vente ou la production, tous les métiers sont utiles. La difficulté est de savoir le montrer. Par exemple, Danone explique que son ambition n'est pas de vendre des yaourts mais d'apporter la santé par l'alimentation. Contribuer à cette mission donne du sens et favorise l'engagement des salariés.

Les frères Wright ont su attirer des ingénieurs brillants et engagés. Leur travail était leur passion, et ils ont su la partager. Ils menaient un projet porteur de sens auquel on avait probablement envie de prendre part.

Quatre conseils pour attirer et retenir les talents

1. Aidez vos collaborateurs à trouver leur voie

« Mon travail est-il utile ? » Cette question, tous les salariés se la posent. En France, selon une étude Kelly Global Workforce, seulement 52 % des salariés répondent positivement à cette question. La plupart des managers n'en a pas conscience : ils sont 90 % à estimer montrer suffisamment à leurs salariés l'utilité de leur travail. « La plupart des managers ont le réflexe d'étouffer l'enthousiasme de leurs collaborateurs plutôt que d'en attiser les flammes. Pourquoi acceptons-nous que nos managers aient plus de chance de contrecarrer un exploit que de le faciliter ? », s'emporte Gary Hamel dans son ouvrage *The Future of Management*. En 2005, Steve Jobs s'adresse aux jeunes diplômés de Stanford : « Votre travail va occuper une grande part de votre vie et la seule façon d'être satisfait est de faire ce que vous croyez être un grand travail. Et la seule façon de faire un grand travail est d'aimer ce que vous faites. Si vous ne l'avez pas encore trouvé, continuez à chercher, n'abandonnez pas. » En tant que manager, soyez altruiste et pensez à long terme : encouragez vos collaborateurs dans cette recherche.

2. Ne laissez pas la DRH gérer seule les sujets RH

En France, selon une étude ANDRH, près d'un tiers des managers estiment que le recrutement et la fidélisation sont des sujets RH qui ne les concernent pas. Même s'ils reconnaissent leur importance pour l'entreprise, ils comptent sur la DRH pour les gérer. C'est une erreur. Éric Schmidt, ex-CEO de Google, estime que le recrutement était sa tâche la plus importante, à laquelle il accordait le plus de temps et qui avait le plus d'impact sur la performance de son entreprise. Jack Welsh, ancien patron légendaire de General Electric, consacrait la moitié de son temps au développement personnel de ses employés et connaissait le nom et la fonction de plus de 1 000 d'entre eux. En tant que manager, les ressources humaines doivent être l'une de vos premières préoccupations.

3. Cultivez la culture d'entreprise

Dans *The War for Talents*, Ed Michaels, Helen Handfield-Jones et Beth Axelrod montrent que les collaborateurs ne restent durablement dans une entreprise qu'à la condition d'adhérer à ses valeurs. Comprendre la culture et le projet d'entreprise est primordial. Dans ce domaine, le rôle du manager est de communiquer, d'expliquer, de répondre aux questions. La culture de l'entreprise s'incarne dans des actions quotidiennes. Le manager doit être exemplaire, mais aussi « donner à voir », expliquer aux jeunes ce qui fait la spécificité de l'entreprise. Il doit s'assurer que les salariés se sentent parties prenantes dans la réussite de l'entreprise. Cette relation « gagnant-gagnant » aidera les salariés à développer un sentiment d'appartenance à l'entreprise.

4. Restez attentif aux signaux faibles

L'entreprise ne prend souvent conscience d'un problème avec un collaborateur que lorsque celui-ci présente sa démission. Or il est alors souvent trop tard pour le faire changer d'avis. Dans *The 7 Hidden Reasons Why Employees Leave* (*Les 7 raisons cachées pour lesquelles les salariés démissionnent*), Leigh Branham montre que le désengagement est un processus progressif. Des absences injustifiées, le refus de participer à certaines réunions, un changement brusque de comportement sont des signes auxquels le manager doit être vigilant. C'est à ce moment-là qu'il faut réagir : après il sera trop tard.

Par où commencer ?

Quels sont les collaborateurs auxquels vous tenez le plus ?

....

....

....

....

Comment les aider à trouver du sens dans leur travail ?

....

....

....

....

Pour aller plus loin : Ed Michaels, Helen Handfield-Jones, Beth Axelrod, *The War for Talent*, Harvard Business Review Press, 2001

Sur le thème « Animer un collectif », voir aussi les leçons 5, 21 et 26.

Qui était Amerigo Vespucci, l'homme qui donna son nom à un continent ?

#FacteurChance

Voilà un hold-up historique ! Alors que Christophe Colomb a découvert l'Amérique en 1492, sa fin de vie fut triste et solitaire. C'est le nom d'un modeste marchand qui a été donné à ce nouveau continent. La faute à un enchaînement improbable.

Nous sommes en 1507. Martin Waldseemüller, Alsacien de 27 ans, est féru de géographie. Martin et ses amis partagent une passion pour la cartographie. Dans leur petite ville de Saint-Dié dans les Vosges, ils entreprennent le projet d'actualiser la vieille carte du monde de Ptolémée, *Cosmographia*, datant de l'Antiquité. Cela paraît inimaginable aujourd'hui, mais c'était ainsi : personne n'avait eu l'idée de mettre à jour ce document datant de quinze siècles. Les maîtres de l'Antiquité avaient une telle aura que personne n'osait mettre en doute leur savoir. Le travail de Martin Waldseemüller venait à point nommé. Les dix années précédentes étaient riches d'innombrables expéditions aux quatre coins du globe.

Martin Waldseemüller commence par rassembler tous les écrits d'explorateurs. Ce sera sa matière première pour dessiner son nouvel atlas. Parmi ces documents, un petit livret de trente-deux pages attire son attention. Ce récit de voyage est écrit par un marchand, Amerigo Vespucci, à la demande de son financier, un prince de Florence. Vespucci avait embarqué sur l'une des expéditions partant d'Espagne afin d'évaluer le potentiel commercial des nouvelles routes ouvertes par les navigateurs. Simple marchand, il n'a eu aucun rôle dans le choix de la destination. Par hasard et comme beaucoup d'autres, son expédition accoste sur une terre inconnue. Ne sachant dire où il est arrivé – c'est en fait le Brésil –, Vespucci parle dans sa lettre d'un *mundus novus*, un nouveau monde.

Le jeune Waldseemüller a le sens du spectacle. Il saute sur l'opportunité. Sur le bord gauche de sa carte, il trace une terre au-delà des océans et la nomme « terre d'Amerigo ». La carte de Waldseemüller connaît un immense succès auprès des monarchies et cercles savants de toute l'Europe. Réimprimée de nombreuses fois, elle rencontre un succès qui dépasse toutes les espérances. Elle montre un nouveau visage du monde connu, bien plus précis et complet que celui de Ptolémée. Surtout, elle est la première à indiquer un « nouveau monde, terre de Amerigo », dont les expéditions futures confirment l'existence et surtout la taille. C'est tout un nouveau continent qui apparaît : l'Amérique ! Christophe Colomb, qui l'a découvert sans le comprendre, est oublié. Amerigo Vespucci, qui n'a rien demandé, entre dans l'histoire par effraction.

Ne pouvant accepter une telle bizarrerie, des auteurs postérieurs attribuèrent à Vespucci quatre autres lettres racontant ses voyages en Amérique. Ainsi naquit la légende d'un Amerigo Vespucci, navigateur explorateur visionnaire. Cette légende dura deux siècles. Jusqu'à ce qu'on comprit que ces quatre lettres étaient fausses et qu'elles n'avaient pour seul but que de rétablir un semblant de logique à des événements qui n'en avaient pas. Il n'est pas facile d'accepter qu'une telle célébrité soit le pur fruit du hasard. C'est pourtant le cas.

Décryptage

Tous les gens célèbres ne sont pas des génies. Le succès antérieur n'est pas une garantie d'un succès à venir. Comme Amerigo Vespucci, de nombreux dirigeants bénéficient d'une conjonction d'événements favorables. Cela fut par exemple le cas de Bill Gates qui, au début de Microsoft, signa un contrat avec IBM suite au défaut providentiel d'un autre fournisseur.

Richard Wiseman, psychologue anglais, a cherché à démystifier le rôle du hasard. Il a montré que l'on attribue souvent au talent ce qui n'est en fait que de la chance. Mieux, il a démontré que l'on cherche toujours à justifier a posteriori le bien-fondé des succès.

Moralité

Sachez provoquer la chance.

La chance se provoque. Comme le dit Philippe Gabilliet, professeur à l'ESCP, on peut apprendre à « gagner les concours de circonstances ». La chance, ce n'est pas le hasard, c'est ce qu'on en fait.

Quatre conseils pour avoir de la chance

1. Laissez de la place pour l'imprévu

La chance est le contraire de la routine. Si votre agenda est rempli jour et nuit sur les six prochains mois, n'espérez pas un miracle. La chance se nourrit d'imprévus. Commencez par garder de la place dans votre agenda, autorisez-vous du temps pour vous, du temps pour rien. Ne cherchez pas à tout contrôler, le hasard n'aurait aucune chance de rendre les choses différentes. D'ailleurs, pourquoi ne pas confier au hasard des décisions mineures ? Par exemple, le choix du restaurant où vous vous rendrez pour déjeuner. Plutôt que d'aller là où vous allez tous les jours, tirez au sort. Cette visite d'un nouveau restaurant pourrait peut-être (qui sait ?) vous ouvrir de nouveaux horizons.

2. Regardez autour de vous

Richard Wiseman montre que la chance est d'abord une question d'état d'esprit. Il réalise plusieurs expériences pour sa démonstration. Dans l'une d'elles, il pose un billet de 5 livres par terre et demande à deux cobayes de le rejoindre à une terrasse de café. Seul le premier cobaye trouve le billet, tandis que le second marche dessus sans le voir. L'observateur externe à la scène dirait que le premier a eu de la chance, l'autre non. Mais ce n'est pas la vérité. Le premier regardait autour de lui, tout simplement. Sa curiosité naturelle l'amène à s'intéresser en permanence à son environnement. Cela lui a permis de voir ce que l'autre cobaye, tout à son affaire, a raté. Votre chance est peut-être là, à portée de main.

3. Développez votre réseau

Les opportunités les plus intéressantes sont souvent celles qu'on vous propose. Comment faire pour que l'on vous fasse des propositions ? Il faut pour cela cultiver un réseau de contacts riche, varié, qu'on veillera à entretenir et développer. Tout d'abord, ne négligez aucune branche de votre réseau. Ne mettez pas toute votre énergie dans la partie de votre réseau la plus utile aujourd'hui, ce sont les branches les plus petites qui vous aideront peut-être demain. Profitez des opportunités d'entretenir votre réseau, par exemple les vœux de début d'année ou les séminaires. Enfin, rendez service sans rien attendre en retour. Soyez utile aux autres, recommandez-les, introduisez-les. Un soutien amical et vigilant sera probablement source, en retour, de nouvelles opportunités.

4. Travaillez votre curiosité

On raconte souvent que l'invention du post-it est le fruit du hasard. Des chercheurs ont inventé sans le vouloir une colle qui ne collait pas. Cette invention accidentelle est souvent citée en exemple de serendipité (le fait de trouver autre chose que ce que l'on cherchait). Mais le véritable talent d'Arthur Fry, l'inventeur du post-it, n'est pas d'être un génie de la chimie. C'est celui de s'être intéressé à cette colle bizarre dont personne ne voulait. Arthur Fry a eu la curiosité de chercher des utilisations possibles de cette colle. Il les a trouvées dans sa vie quotidienne (tenir les feuilles de chant à l'église). La curiosité est un trait de personnalité. Entretenez-la en variant vos activités quotidiennes. Par exemple, changez régulièrement de chemin pour vous rendre au travail !

Par où commencer ?

Quelles sont les routines que vous allez rompre ?

....

....

....

....

Comment développer votre réseau afin de multiplier les occasions d'avoir de la chance ?

....

....

....

....

Pour aller plus loin : Richard Wiseman, *Notre capital chance. Apprendre à l'évaluer et à le développer*, JC Lattès, 2003

Sur le thème « Renforcer son efficacité personnelle », voir aussi les leçons 1, 18, 23, 24 et 49.

Quelle est l'histoire tumultueuse de l'A380 ?

#coopération #interculturel

L'Airbus A380, avant d'être une illustration de la réussite de la coopération industrielle franco-allemande, a bien failli être un exemple de son échec. Preuve que l'interculturel reste un exercice difficile, même dans les entreprises qui le pratiquent au quotidien.

6 juin 2006, 2 h du matin, usine d'assemblage d'Airbus à Toulouse. Devant les caméras d'Arte, la partie du fuselage en provenance d'Allemagne est raccordée avec la partie française. Catastrophe ! Les câbles sont trop courts. Le technicien est exaspéré : « Le câble ne rentre pas dans le connecteur, il me manque 5 centimètres, ça me rend dingue ! » Il ne le sait pas encore, mais ces 5 centimètres couteront des milliards à Airbus. Comment en est-on arrivé là ?

L'Airbus A380 est un choix stratégique audacieux. Pour contrer l'américain Boeing, le groupe EADS se lance dans la réalisation d'un très gros porteur long-courrier quadriréacteur à double pont. C'est un défi technologique, mais aussi organisationnel : les éléments qui le composent sont fabriqués dans quatre pays différents. EADS est un groupe franco-allemand. Malheureusement, la coopération qui a fait son succès est en train de tourner au vinaigre. Les dirigeants français, majoritairement d'anciens hauts fonctionnaires, ont du mal à se comprendre avec les dirigeants allemands venant de l'opérationnel. Alors que l'A380 a été présenté en janvier 2005 aux ouvriers de Toulouse, ceux de l'usine d'Hambourg devront attendre novembre. Les Allemands y voient la volonté de montrer la suprématie française. Les tensions s'accroissent.

Le problème de câblage met le feu aux poudres. Les Français utilisent la version 3D du logiciel de design Catia tandis que les Allemands en sont restés à la version 2D. Volonté délibérée de se démarquer ? Quoi qu'il en soit, la coexistence de ces deux versions est à l'origine des 5 centimètres de câbles manquants. Cette erreur oblige les ouvriers allemands à refaire à la main les 380 kilomètres de câbles. Hambourg envoie 2 000 ouvriers à l'usine de Toulouse. Des échauffourées éclatent à la cantine entre les ouvriers des deux pays. Noel Forgeard, président d'EADS, accuse les Allemands. Cette fois le torchon brûle. Noel Forgeard est licencié.

Le programme de production de l'A380 prend deux ans de retard. Cela coutera 10 milliards d'euros à l'entreprise. Mais ce conflit est fondateur. Le 1er juillet 2014, le groupe EADS devient « Airbus ». Tout est simplifié : le nom de l'entreprise, la gouvernance, l'organisation. L'Allemand Tom Enders devient le patron opérationnel du groupe et installe le siège à Toulouse. La coopération franco-allemande est relancée sur de nouvelles bases. Aujourd'hui, les équipes des deux pays partagent la fierté de voir l'A380 parcourir le ciel de tous les continents.

Décryptage

Dans l'histoire, peu de nations européennes se sont autant affrontées que l'Allemagne et la France. Les cultures sont proches mais dissemblables. Lorsqu'ils sont alliés, les Français et les Allemands réalisent de grandes choses. Mais ils peuvent aussi se déchirer. L'exemple d'Airbus en est la preuve.

La plupart des grandes entreprises sont présentes à l'international. Les effectifs des entreprises du CAC 40 sont situés à 39 % hors d'Europe. Ce chiffre augmente d'un point chaque année. On trouve à Paris la plus grande concentration au monde d'entreprises internationales, juste devant Singapour. Les entreprises internationales font face à plusieurs écueils, notamment la sous-estimation des spécificités locales. Danone a mis près de dix ans pour trouver les produits susceptibles de convaincre les consommateurs chinois.

Moralité

À l'international, les obstacles à la coopération sont exacerbés.

Toutes les entreprises savent qu'il est difficile de faire travailler des équipes ensemble. Mais l'international décuple toutes les difficultés : barrières de la langue, distances, fuseaux horaires, valeurs, histoires, etc. tout devient plus complexe.

Quatre conseils pour favoriser la coopération interculturelle

1. Prenez conscience des spécificités de votre culture pour être à l'écoute de celles des autres

La culture est l'univers dans lequel on baigne sans s'en rendre compte. En France, on ne coupe pas le vin avec de l'eau. En Suisse, on ne tond pas sa pelouse le dimanche. En Norvège, on n'arrive pas en avance à un rendez-vous. En Thaïlande, on ne pose pas sa main sur la tête d'un enfant. En Inde, on ne porte pas soi-même ses bagages. Au Japon, on n'entre pas dans une maison s'en s'être déchaussé. La plupart des gaffes interculturelles proviennent d'une méconnaissance de la culture des autres. En septembre 2011, le Premier ministre canadien croise les jambes lors d'une rencontre avec le président libyen. Sans s'en rendre compte, il lui montre sa semelle. Ce geste est perçu comme une offense par le président libyen. Lorsque vous avez affaire à un autre pays, prenez soin de comprendre sa culture. Cela passe par la nécessité de prendre conscience et de désapprendre certains gestes qui vous sont automatiques.

2. Réduisez les barrières matérielles à la coopération

Un manager travaillant à l'international soulève des montagnes chaque jour. Certes, c'est un défi enrichissant. C'est même un passage obligé pour de nombreux cadres qui veulent faire carrière. Mais ce sont aussi des difficultés en plus : barrière de la langue, décalage horaire, nombreux déplacements, etc. L'entreprise doit veiller à réduire les difficultés que cela génère avant qu'elles ne deviennent de véritables irritants : simplifier la politique voyage, utiliser les outils de communication appropriés, veiller aux conditions matérielles des voyageurs. Dans une grande entreprise industrielle, les badges des salariés ne passent pas dans les bureaux étrangers. Ils doivent s'adresser à l'accueil à chaque fois qu'ils entrent dans un bâtiment. Un détail ? Pas vraiment. Une étude interne a montré la baisse de l'engagement des salariés, notamment due à la « complexité » de travailler à l'international.

3. Tirez parti de la diversité en utilisant les points forts de chacun

La diversité peut apparaître comme une contrainte. Au contraire, faites-en une opportunité. Comme le souligne Olivier Meier, professeur à Paris-Dauphine, chaque culture a son propre rapport au temps, son propre rapport à l'autorité, son propre rapport à l'irrationnel. En 2011, le cimentier Lafarge a supprimé l'organisation par fonctions pour laisser la place à une organisation décentralisée par pays. L'objectif est de laisser une plus grande autonomie aux filiales afin qu'elles se rapprochent de leurs clients. Shisheido a installé son principal bureau de Recherche et développement en France car le leader japonais des cosmétiques considère que les ingénieurs français sont parmi les meilleurs au monde dans ce secteur. L'interculturel n'est pas une cohabitation mais un moyen de faire mieux ensemble.

4. Réduisez toutes les sources possibles de conflit

Soyez toujours exemplaire et ayez une parole impeccable en toute circonstance. Surtout, ne dénigrez jamais. On observe parfois des dirigeants d'entreprise se laissant aller à des généralisations « les Allemands sont comme ceci, les Anglais sont comme cela » Même prononcées dans un cadre intime, ces phrases empoisonnent les relations. Pour construire un dialogue de qualité et dans la durée, construisez les bases d'une relation saine. Traitez les incompréhensions dès qu'elles émergent pour éviter de laisser la situation se dégrader car un conflit ouvert sera bien plus difficile à traiter qu'une simple mésentente. Comme le souligne Olivier Meier : « Il est un préalable à toute démarche interculturelle : l'écoute, l'ouverture et le respect. »

Par où commencer ?

Qu'avez-vous fait pour comprendre vos interlocuteurs ?

....

....

....

....

Que pouvez-vous faire pour qu'ils vous comprennent ?

....

....

....

....

Pour aller plus loin : Olivier Meier, *Management interculturel*, Dunod, 2016, 6e éd.

Sur le thème « Renforcer la collaboration », voir aussi les leçons 16 et 27.

Comment Célestin Freinet a-t-il pu exercer son métier d'instituteur malgré une blessure de guerre ?

#apprentissage

Célestin Freinet est un précurseur de la pédagogie moderne. En 1914, peu de temps après avoir obtenu un poste d'instituteur, il est mobilisé et intègre un régiment d'infanterie. Il participe à l'offensive du chemin des Barrages. Grièvement blessé au poumon, il est retiré du front. Mutilé de guerre à 70 %, il devra réinventer la pédagogie pour pouvoir continuer son métier.

1896. Célestin Freinet voit le jour à Gars, dans les Alpes-Maritimes dans une famille d'ouvriers. Très tôt, il se découvre une passion pour l'enseignement et devient instituteur à 20 ans. C'est un homme très instruit avec une connaissance prodigieuse en littérature générale et en pédagogie. En 1914, il est mobilisé et part à la guerre. Sur le front, sa vie bascule : il est grièvement blessé par un obus de mortier.

Lorsqu'il reprend son travail d'instituteur après-guerre, il comprend vite qu'il ne pourra plus le faire comme auparavant. Sa santé fragile ne lui permet plus de rester debout ni de hausser la voix. Handicapé par sa blessure, confronté à la difficulté de tenir sa classe, il s'interroge rapidement sur l'efficacité des méthodes pédagogiques traditionnelles. Avec l'aide de sa femme, il développe une série de techniques basées sur l'expression des enfants : textes, dessins, imprimerie et journal scolaire. Centrer sa pédagogie autour de l'élève est un moyen pour lui d'alléger l'exigence physique qu'impliquent les interactions avec sa classe.

Son idée maîtresse est d'acheter une presse d'imprimerie et de transformer ses élèves en petits journalistes. Il invite les enfants à s'interroger sur le monde qui les entoure, à s'exprimer, à se tromper. Pour lui l'erreur est un moyen d'accès à la connaissance. Un ancien élève raconte sa première journée à l'école Freinet : « Nous nous sommes engouffrés dans la classe en désordre et en chahut, sans cartables, sans rangs et sans appel. Chacun a choisi sa place, je me suis précipité contre la fenêtre où les pins viennent jouer si près de votre joue qu'on se croirait dehors. On ne m'a pas demandé grand-chose. Les autres se sont occupés comme s'ils n'avaient jamais quitté la classe, ils se sont organisés par petits groupes pour faire de l'imprimerie, de la gravure et du dessin, ils s'expliquaient les choses comme des artisans. Ils pouvaient parler assez fort. Freinet passait d'un groupe à l'autre avec un bon conseil, il n'avait pas de blouse et comme il était petit on aurait dit une classe sans instituteur avec des enfants qui jouent à être devenus grands. »

Dans les années 1950, Freinet est à l'origine du mouvement de l'école moderne. De nombreuses écoles suivent encore aujourd'hui sa pédagogie en marge de l'école publique traditionnelle.

Décryptage

« Tous les hommes ont le désir de savoir », disait Aristote. Comment l'assouvir ?

Nous sommes tous profondément marqués par nos années d'école. Elles structurent notre rapport à l'apprentissage. La pédagogie est une science jeune, née au début du XXe siècle. L'enseignement traditionnel (descendant) laisse à penser qu'il existe une hiérarchie de la connaissance (le maître détient le savoir, les élèves cherchent à lui ressembler). On reproduit parfois cette approche en entreprise : le manager joue le rôle du professeur, tandis que le collaborateur reste enfermé dans sa position d'élève.

Freinet part d'une autre hypothèse qui semble aujourd'hui plus moderne. Pour lui, chacun dispose du savoir, enfoui en lui, et l'enseignant est là pour le révéler. De même, les entreprises invitent leurs collaborateurs à prendre en main leur propre formation pour révéler leur potentiel. Comme à l'école Freinet, chacun est encouragé à apprendre par lui-même.

Moralité

On apprend principalement par soi-même.

En 1996, Morgan McCall, Robert W. Eichinger et Michael M. Lombardo ont interrogé en détail plusieurs centaines de cadres pour comprendre d'où provenaient leurs connaissances. Ils ont montré que 10 % de ce que l'on sait vient de la formation traditionnelle, 20 % de l'échange avec son entourage, 70 % de sa propre expérience : 90 % des apprentissages se font en dehors d'un contexte formel de formation. Pour progresser, le salarié doit d'abord compter sur lui-même.

Quatre conseils pour apprendre au travail

1. Prenez-vous en main

Deloitte publie chaque année l'étude HR Trends qui fait référence par sa récurrence et son nombre de répondants : 3 300 dirigeants interrogés. La question centrale est toujours la même : « Quelles sont vos priorités RH cette année ? » En 2016, le sujet « formation » crée la surprise : alors qu'il n'était que 8e en 2014, il monte à la 3e place. Que se passe-t-il ? Pour 74 % des dirigeants interrogés, les salariés ne sont pas prêts à la transformation de leur entreprise, notamment digitale. La formation est donc un enjeu stratégique. En tant que manager, construisez votre propre plan de formation. Notez vos objectifs pour les prochains mois et choisissez la façon dont vous allez les atteindre : en observant vos collègues, en testant de nouvelles pratiques, en partageant avec vos pairs, en suivant des MOOC, etc. Appropriez-vous la leçon de Freinet : on apprend d'abord par soi-même !

2. Profitez de l'offre de formation

Depuis le 1er janvier 2015, vous disposez d'un compte personnel de formation (CPF). Espérons que ce dispositif aura plus de succès que son prédécesseur, le droit individuel à la formation (DIF), qui n'a été utilisé que par… 6 % des salariés. Selon une étude de l'ANDRH de 2015, 82 % des entreprises françaises ont leur propre dispositif de formation. Inscrivez-vous ! Une formation vous sera d'autant plus profitable que vous entrerez en salle avec des questions en tête. Déterminez ce que vous en attendez, surtout, paradoxalement, s'il s'agit d'une formation obligatoire. À l'issue, notez vos enseignements de la journée. Et mettez-les en œuvre immédiatement, dès le lendemain. Quel que soit le domaine, la théorie n'a de sens qu'à la condition qu'elle soit rapidement mise en pratique.

3. Apprenez grâce aux autres

Enfants, nous imitons nos parents, nos professeurs, nos idoles. Adultes, nous apprenons de nos collègues, de nos responsables, etc. Albert Bandura est l'inventeur du concept d'« apprentissage vicariant ». L'expérience vicariante, c'est-à-dire l'observation d'un individu similaire à soi-même, influence notre perception d'auto-efficacité. Par exemple, en observant un autre manager donner un feedback à un collaborateur, vous acquerrez la conviction que vous en êtes capable également. Vous prendrez confiance dans votre capacité et aurez donc plus de chances de le faire vous-même. Les neurosciences le confirment : on apprend toujours mieux à plusieurs que tout seul.

4. Rendez toute expérience apprenante

Les entreprises disposent de nombreux moyens pour rendre l'expérience de leurs collaborateurs apprenantes : tutorat, *mentoring*, communautés de pratique, etc. Elles peuvent aussi confier une mission transverse ou un projet ponctuel à un collaborateur pour l'aider à acquérir une compétence nouvelle. Mais ces modalités restent très limitées. Dans les faits, lorsque les entreprises confient une mission ponctuelle à un collaborateur, elles oublient souvent de lui expliquer l'apprentissage qu'il peut en tirer. Par exemple, c'est une bonne chose de demander à un manager de participer à un groupe de travail sur les processus de recrutement, c'est encore mieux de lui expliquer que c'est une façon pour lui de progresser dans sa compréhension des enjeux RH ! De même, chaque réunion d'équipe est l'opportunité de travailler sur vos compétences de communication. Toute expérience peut être rendue apprenante, à la condition qu'elle soit présentée comme telle et qu'elle fasse l'objet d'un retour d'expérience.

Par où commencer ?

Quelles sont les compétences que vous cherchez à acquérir ?

....

....

....

....

Comment rendre votre travail apprenant au quotidien ?

....

....

....

....

Pour aller plus loin : Albert Bandura, *Auto-efficacité. Le sentiment d'efficacité personnelle*, De Boeck, 2003

Sur le thème « Renforcer son efficacité personnelle », voir aussi les leçons 1, 18, 23, 24 et 47.

Comment le jésuite Matteo Ricci s'est-il fait accepter à la Cour de Chine ?

#complexité #intégration #agilité

Matteo Ricci fut l'un des premiers Occidentaux à visiter la Chine. Il avait un objectif : évangéliser. Après vingt années d'effort, il parvient à établir la première église de Chine. Sa capacité à faire face à la complexité d'un nouveau monde inspira de nombreux missionnaires… et dirigeants.

Parti de Lisbonne en 1578, Matteo Ricci arrive à Macao quatre ans plus tard. Jésuite, Matteo Ricci est venu comprendre la Chine, mais aussi l'évangéliser. La Chine est un territoire immense, peuplé de nombreuses ethnies dialoguant peu entre elles. La dynastie Ming touche à sa fin. Elle ne tardera pas à être repoussée vers le sud par les Qing venus de Mandchourie.

Matteo Ricci apporte ses connaissances en mathématiques et en astronomie. Mais il ne s'en sert pas tout de suite. Il se fond dans la population, en apprend la langue. Il s'habille en robe, comme les bonzes. Dix ans après son entrée en Chine, à Nanchang puis Nankin, il prend l'habit des lettrés chinois et se pose comme lettré d'Occident. Il se lie d'amitié avec les fonctionnaires locaux. Il découvre des sages de l'antiquité chinoise qu'il rapproche de ceux de la Rome antique et de Grèce. Il côtoie les plus proches conseillers de l'empereur Wang Li.

Vingt ans après son arrivée, la patience de Matteo Ricci est récompensée. Il a enfin l'occasion de s'adresser à l'empereur ! Étant étranger, il ne peut lui parler directement et communique par l'intermédiaire de ses conseillers : « Remettez-lui de ma part cette mappemonde et ces deux horloges. En échange, je sollicite son autorisation pour fonder une église. » L'Empereur est subjugué par la mappemonde. C'est la première fois qu'on lui montre ce qu'il y a au-delà des frontières de son vaste empire. Il accorde à Matteo Ricci le droit de fonder une église.

La persévérance et l'humilité de Matteo Ricci n'auront pas été vaines. A sa mort en 1610, l'église de Chine ne compte que 2 500 fidèles. Ils sont 12 millions aujourd'hui.

Matteo Ricci est considéré en Chine comme un homme de grande importance, ayant apporté l'astronomie et la géographie dans un pays qui était alors totalement isolé du monde extérieur. Il est aussi bien connu des jésuites : sa méthode d'inculturation a permis d'évangéliser les contrées les plus sauvages d'Asie, d'Afrique et d'Amérique du Sud.

Décryptage

L'accélération des bouleversements du monde place les leaders face à des situations sur lesquelles ils manquent totalement de connaissance et de contrôle. Et ce n'est pas prêt de s'arrêter : le directeur de l'innovation de Google, Raymond Kurzweil, estime que l'évolution a été aussi forte entre 2000 et 2015 que pendant tout le xxe siècle. La complexité s'accroît de manière exponentielle. Comme y faire face ?

Matteo Ricci s'est attaqué à un pays fermé, voire hostile, qui refusait systématiquement le contact avec l'étranger. La Chine s'avère pour lui d'une grande complexité : il rencontre des ethnies nombreuses parlant différentes langues, il fait face à un système politique rigide mais fragilisé, il cherche à s'adresser à un empereur inaccessible et déconnecté des réalités.

Le succès de Matteo Ricci vient de son agilité, de sa capacité à s'adapter en permanence à des situations et des comportements qu'il n'avait aucun moyen de prévoir. Il a pris le temps de comprendre le pays. Il a coopéré avec les fonctionnaires. Il a négocié habilement et s'est approprié les codes de la culture chinoise. Anticipation, coopération, orientation client, négociation, acculturation, etc. Ses leçons de leadership sont transposables aux dirigeants confrontés à un monde de plus en plus complexe et incertain.

Moralité

L'agilité est la meilleure réponse à la complexité et à l'incertitude.

Quatre conseils pour vous adapter à la complexité et l'incertitude de votre environnement

1. Avancez en permanence

Face à l'inconnu, il est judicieux d'avancer avec prudence. Les modèles de prévisions s'avèrent le plus souvent erronés. Qui aurait pu prédire l'impact de Facebook sur le marché de la publicité ? Qui peut prédire les conséquences des batteries domestiques Tesla sur le marché de l'électricité ? Il faut apprendre à agir sans chercher à tout maîtriser. L'écueil, c'est l'inaction : ce n'est pas parce qu'on ne sait pas la direction que prendront les choses qu'il faut renoncer à avancer, bien au contraire ! L'agilité, ce n'est pas de rester sur place. L'adaptation nécessite le mouvement.

2. Pour donner du sens, développez votre hauteur de vue

Dans un monde inconnu, reconnaître que de nombreuses choses nous échappent n'est pas une marque de faiblesse, mais au contraire une preuve de sagesse. On n'attend pas d'un dirigeant qu'il ait réponse à tout, mais qu'il pose les bonnes questions. Pris individuellement, les événements n'ont aucun sens. Afin d'appréhender la complexité de votre environnement, prenez de la hauteur. Voyez les choses dans leur ensemble, dans le moyen terme plutôt que le court terme. Pour cela, échangez avec des personnes qui vous apporteront un autre regard sur votre environnement, qu'elles y participent ou qu'elles y soient au contraire totalement étrangères.

3. Ne rajoutez pas de la complexité à la complexité

Yves Morieux, directeur associé au Boston Consulting Group, est un spécialiste des transformations d'entreprises. Il estime que nous avons tendance à appliquer toujours les mêmes recettes, même quand elles ne marchent plus. Dans la seconde moitié du xxe siècle, de nombreuses entreprises ont réussi des performances opérationnelles inégalées grâce à des processus bien huilés. Le progrès était une démarche linéaire et continue. Cela ne fonctionne plus dans notre monde imprévisible. Yves Morieux raconte l'histoire d'un fabricant automobile qui souhaite réduire les coûts de réparation sur ses véhicules. L'entreprise a nommé un Monsieur « réparation », qui s'est doté d'une équipe « réparation », a créé des processus « réparation », des indicateurs de performances « réparation », etc. qui venaient s'ajouter aux vingt-cinq autres indicateurs déjà utilisés. Sans surprise, les résultats ne se sont pas améliorés. Pire, cette démarche a créé une couche de complexité supplémentaire !

4. Plutôt que de renforcer les contrôles, misez sur l'intelligence de vos collaborateurs

Yves Morieux appelle à un renouveau du système nerveux des entreprises où « les synapses remplacent le squelette ». Du fait de la multiplication des indicateurs, les managers intermédiaires sont souvent cantonnés à des tâches de reporting et autres tâches périphériques du travail lui-même. Cela leur prend jusqu'à 60 % de leur temps ! Une chaîne d'hôtels, devant la chute du taux d'occupation des chambres, avait décidé de renforcer les contrôles sur le travail des réceptionnistes. L'entreprise les soupçonnait d'être peu investis. L'ajout des nouveaux indicateurs a eu l'effet inverse de celui escompté. En effet, les réceptionnistes étaient au contraire très investis. Pour éviter que les clients n'aient à prendre une chambre dans laquelle le robinet fuit ou le téléviseur ne marche pas, ils gardaient en permanence quelques chambres libres « de secours ». C'était la raison du faible taux d'occupation ! À cause d'une mauvaise compréhension de la situation, l'entreprise avait répondu à un problème par une couche supplémentaire de contrôle qui ne faisait qu'empirer la situation. Beaucoup de dirigeants ont une vision abstraite du travail de leurs équipes. Yves Morieux leur rappelle la nécessité de comprendre ce qu'ils font réellement, et de miser sur leur intelligence. Tout simplement.

Par où commencer ?

Quels sont les « nouveaux mondes » auxquels vous êtes confronté (nouveau secteur, nouveau client, etc.) ?

....

....

....

....

En quoi sont-ils complexes pour vous ?

....

....

....

....

Pour aller plus loin : Yves Morieux, Peter Tollman, *Smart simplicity. Six règles pour gérer la complexité sans devenir compliqué*, Manitoral/Les Belles Lettres, 2014

Sur le thème « S'adapter à un monde en transformation », voir aussi les leçons 19 et 33.

Pourquoi continuons-nous d'utiliser des claviers AZERTY ?

#NouvelleHabitude #autodiscipline

Un siècle et demi après son invention, nous continuons à utiliser le clavier AZERTY, alors que la disposition des lettres répond aux besoins de l'époque : ralentir la frappe. Pourquoi utilisons-nous encore ce clavier qui nous ralentit ? Qu'est-ce qui nous retient ? Rien d'autre que le poids de l'habitude.

En 1875, l'imprimeur américain Latham Sholes installe un clavier sur une machine à coudre. C'est la naissance de la machine à écrire. En appuyant sur une touche, une tige vient se poser sur un ruban encreur en contact avec la feuille de papier disposée sur le cylindre horizontal. Mais la machine est fragile. Lorsque que deux touches contigües sont utilisées, les tiges n'ont pas le temps de revenir à leur place et elles s'emmêlent. Latham Sholes modifie le clavier : plus les lettres sont utilisées fréquemment, plus les touches seront éloignées. Un nouveau clavier est introduit, le QWERTY. Il deviendra l'AZERTY en France. Il permet de ralentir la frappe, ainsi les tiges risquent moins de s'emmêler !

Les machines à écrire se modernisent peu à peu. Elles sont remplacées par des ordinateurs au XXe siècle, puis par les smartphones au XXIe siècle. Mais pourquoi garder une norme qui réduit la productivité de millions d'utilisateurs ?

C'est évidemment un sujet qui a inspiré de nombreux inventeurs. Aujourd'hui, il existe des dizaines d'applications pour smartphones permettant de modifier l'agencement du clavier. Par exemple, les élèves de l'École centrale de Paris proposent une disposition de clavier censée améliorer la vitesse de frappe de 20 %.

De toutes les tentatives de mettre fin à la suprématie du QWERTY, celle d'August Dvorak a été la plus proche de réussir. Établie en 1932, la disposition Dvorak a été construite sur la base de l'analyse fréquentielle de la langue anglaise. À l'inverse du QWERTY, elle positionne les lettres les plus courantes sur les touches les plus accessibles du clavier. En 1936, August Dvorak a présenté à l'American National Standard Institute les nombreux avantages de sa disposition : un meilleur confort, une réduction des risques de pathologie (arthrose, tendinites, syndrome du canal carpien), une productivité accrue de 10 à 40 %.

La société des amis du clavier Dvorak compte aujourd'hui 2 600 passionnés dans le monde. Elle communique sur les bénéfices et explique avec beaucoup de pédagogie comment apprendre à utiliser le clavier Dvorak en moins d'une semaine. La plupart des auditeurs sont convaincus par l'argumentation, la trouve pertinente, rationnelle et reconnaissent qu'ils auraient intérêt à changer. Mais rien n'y fait, l'AZERTY semble indéboulonnable. Alors que le changement pourrait être payant à terme, l'effort pour le conduire est trop important. Le poids de l'habitude est plus fort que la belle argumentation !

Décryptage

Tous ceux qui ont conduit un projet de changement le savent : il faut commencer par emporter l'adhésion. Souvent, c'est à cela qu'on consacre l'essentiel des efforts, confiant que les collaborateurs changeront s'ils sont convaincus de l'intérêt pour eux. C'est effectivement nécessaire, mais ce n'est pas suffisant. Après avoir lu l'histoire du clavier AZERTY, vous êtes probablement convaincu que vous avez personnellement intérêt à passer au clavier Dvorak. Et pourtant, il y a assez peu de chance que vous le fassiez…

Plusieurs psychologues ont étudié ces questions : qu'est-ce qui nous retient ? Comment prendre une nouvelle habitude ? Maxwell Maltz, Philippa Laly, James Clear travaillent avec des patients qui cherchent à acquérir une meilleure hygiène de vie. C'est un sujet de santé publique aux États-Unis où l'obésité fait des ravages. Leurs travaux montrent que les habitudes se remplacent l'une l'autre. Pour arrêter de manger entre les repas, il faut boire un verre d'eau chaque fois qu'on a envie de grignoter. Facile ? Ce que montrent surtout ces études, c'est que cela ne peut pas se faire sans effort…

Moralité

Pour prendre une nouvelle habitude, préparez-vous à travailler sur vous-même.

Quatre conseils pour prendre une nouvelle habitude

1. Soyez au clair sur votre motivation

La première question à vous poser est de comprendre ce qui vous pousse à changer. Par exemple, qu'est-ce qui vous pousse à vous mettre à l'anglais ? Certains seront plus motivés par la curiosité, d'autres par l'atteinte d'un challenge, d'autres par l'intérêt pratique. Les études montrent que le premier levier de motivation, c'est généralement d'être utile aux autres. L'homme est un animal social, donc naturellement altruiste. Vous arrêterez plus sûrement de fumer en vous disant « ce sera mieux pour la santé de mes enfants » qu'en vous disant « ce sera mieux pour ma santé ». Lorsque vous rencontrer des difficultés à tenir votre engagement, rappelez-vous la raison pour laquelle vous l'avez pris.

2. Soyez méthodique et patient

Un objectif trop ambitieux sera d'emblée décourageant. Il est préférable de se fixer plusieurs objectifs et de progresser pas à pas. Donnez-vous de la visibilité, en vous disant par exemple ce que vous voudrez avoir réussi dans deux mois, dans six mois, etc. Un objectif clair vous mettra en mouvement à coup sûr. Il est facile de se mettre à la course à pied une fois qu'on est inscrit à un marathon pour l'année suivante. Combien vous faudra-t-il de temps pour prendre une nouvelle habitude ? La plupart des chercheurs estiment qu'il faut un minimum de deux mois avant qu'une nouvelle habitude devienne un automatisme, mais cela varie fortement d'un individu à l'autre. Selon une étude de Philippa Lally, chercheuse en psychologie de la santé à l'University

College de Londres, les cobayes ont mis entre 18 et 254 jours pour adopter une nouvelle habitude (en l'occurrence courir 15 minutes avant le dîner). Bref, ne vous découragez pas au bout de 10 jours...

3. Décodez votre propre fonctionnement

Charles Duhigg est l'auteur du livre *Le pouvoir des habitudes*. Il y raconte qu'il avait pris l'habitude, chaque après-midi à 15 h, de se rendre à la cafeteria pour y manger un cookie en discutant avec un collègue. Cette habitude lui a fait prendre 4 kg ! Il a essayé d'arrêter, sans succès. Cela n'a l'air de rien, mais changer d'attitude n'est pas facile. Duhigg a alors étudié cette habitude dans le détail. Il a compris qu'elle était constitué de trois choses : un déclencheur (l'heure, 15 h), une routine (se lever de son bureau, se rendre à la cafétéria, acheter un cookie) et un bénéfice (socialiser avec un collègue). Il a décidé de remplacer la routine par une autre avec le même bénéfice : chaque après-midi à 15 h, il se lève de son bureau, se sert un verre d'eau et va discuter avec un collègue. Charles Duhigg a formalisé sa méthode dans un livre vendu à des milliers d'exemplaires. Il montre que le plus difficile est de décoder sa propre routine. Une fois que c'est fait, il ne vous reste plus qu'à la remplacer par une nouvelle.

4. Prenez un partenaire et mettez-vous au travail !

Les études montrent que seulement 25 % de nos résolutions sont tenues. Pour vous aider à faire mieux, une idée simple : engagez-vous auprès de quelqu'un. Aller voir un collègue et dites-lui ce que vous prévoyez de faire et comment vous allez vous y prendre. Statistiquement, vos chances montent à 50 %. Ce n'est pas encore l'assurance de réussir, mais cela réduit le risque d'échouer !

Choisissez bien votre partenaire : d'après le *England Journal of Medicine*, si votre meilleur ami réussit son régime, vos chances de réussir aussi augmentent de 57 %. Enfin, ne tombez pas dans le piège de la procrastination (pourquoi faire aujourd'hui ce qui peut attendre demain ?). Prendre une nouvelle habitude passe par la mise en place d'une routine : si vous rêvez de rédiger un roman, levez-vous tous les matins une heure plus tôt pour l'écrire. C'est le premier pas qui est le plus difficile. Une fois qu'il sera franchi, tout vous semblera plus facile. Quels que soient la méthode que vous choisissez et le temps qu'il vous faudra, l'essentiel est de s'y mettre. Alors, pourquoi attendre ?

Par où commencer ?

Quelle est votre motivation pour prendre cette nouvelle habitude ?

....

....

....

....

Quel est le premier pas à faire dès demain ?

....

....

....

....

Pour aller plus loin : Charles Duhigg, *Le pouvoir des habitudes. Changer un rien pour tout changer*, Flammarion, 2016

Sur le thème « Conduire un projet de changement », voir aussi les leçons 41 et 45.

Que vient faire un musicien dans le succès de Windows 95 ?

#beauté #bonheur

L'influence de Brian Eno sur la musique pop est immense. U2, David Bowie et Coldplay ont fait appel à ses talents de sorcier du son. Mais ce n'est pas de ces collaborations-là dont il est le plus fier. Lorsque Brian Eno cite le moment le plus marquant de sa carrière, il parle de sa rencontre avec… Bill Gates.

Nous sommes en 1994. Bill Gates, PDG de Microsoft, s'apprête à lancer Windows 95 avec l'ambition affirmée de battre Apple sur son propre terrain : celui du design. Par rapport à son prédécesseur Windows 3.1, le futur Windows 95 intègre des évolutions techniques significatives, notamment la programmation 32 bits. C'est le premier système d'exploitation de Microsoft multitâche avec la logique de fenêtres copiée sur le Macintosh d'Apple. D'ailleurs, pour Bill Gates, Apple est le concurrent à abattre. L'entreprise à la pomme a une image jeune et moderne qui ringardise Microsoft, l'arrogant leader du marché. Bill Gates est impatient d'en découdre. C'est là que lui vient l'idée d'utiliser les services de Brian Eno. Même s'il est peu connu du grand public, Brian Eno est une célébrité du monde de la musique. Or, la musique est justement la sphère d'influence d'Apple !

Qui est ce Brian Eno ? Anglais, diplômé des beaux-arts de Winchester, il est l'inventeur du « design sonore ». En 1977, il publie *Music for Airports*, un premier disque en forme de manifeste. Pour Brian Eno, il faut mettre de la beauté partout, en particulier dans les lieux peu glamour et très fréquentés. Précurseur, il a composé de la musique pour les hôtels et pour les centres commerciaux. Il définit un genre, « la musique d'ambiance », aux mélodies minimalistes et froides supportant une écoute distraite. Les années 1980 le voient collaborer avec de nombreux groupes de musique à la recherche des nappes de synthétiseur dont il est spécialiste.

Bill Gates demande à Brian Eno de composer la musique de lancement de Windows 95. La rencontre entre les deux hommes est épique. Bill Gates, comme à l'accoutumée, mène la discussion. Il fixe un cahier des charges avec 70 critères : la musique doit être belle, joyeuse, universelle, optimiste, enjouée, etc. Brian Eno hésite. Travailler pour une marque d'ordinateurs est une surprise… mais c'est exactement l'idée qu'il se fait de sa musique : mettre du beau partout où c'est possible. Marché conclu. En le raccompagnant à la porte, Bill Gates lui lance : « Au fait, j'ai une dernière demande. Le morceau ne devra pas dépasser… 3,25 secondes ! »

Plus puissant, plus souple et plus beau que tous ses concurrents, Windows 95 assoit la suprématie de Microsoft sur les systèmes d'exploitation pour ordinateurs personnels. Sa musique de lancement, signée Brian Eno, a accompagné discrètement ses millions d'utilisateurs.

Décryptage

La beauté fait vendre. « *Good design is good business* », dit le cabinet McKinsey. Ikea et Apple l'ont bien compris. Le design est entré dans nos vies et Brian Eno a fait partie de ses inventeurs. Il n'était pas guidé par l'appât du gain, mais par la conviction profonde que la beauté donne du sens à la vie, qu'elle nous rend meilleurs. « Beau chemin n'est jamais long », dit un proverbe provençal.

La beauté existe aussi en entreprise. Comme un sportif qui réalise un « beau geste », le manager peut avoir un comportement exemplaire qui emporte l'admiration de ses observateurs. Même si vous n'avez pas de vocation artistique, rien ne vous empêche de rechercher la beauté dans vos présentations PowerPoint ou vos fichiers Excel ! Cette démarche gratuite n'est pas dénuée d'intérêt. Elle renforce le plaisir au travail et donne le sourire. Après tout, c'est essentiel, non ?

Moralité

Rendez-vous la vie plus belle !

Quatre conseils pour vous rendre la vie plus belle

1. Prenez la décision d'aller bien

« Il faut vouloir être heureux et y mettre du sien. Si l'on reste dans la position du spectateur impartial, laissant seulement la porte ouverte, c'est la tristesse qui entrera », disait le philosophe Alain. Étrangement, rechercher le bien-être nécessite des efforts. L'homme a un penchant naturel pour le malheur. On peut en rechercher les raisons dans la survie de l'espèce. La nature nous a dotés d'émotions pour cela. La peur permet d'échapper aux prédateurs, la colère intimide les rivaux, la tristesse attire la compassion. Les émotions positives sont moins nombreuses et moins fréquentes. À vous de les générer.

2. Entretenez des relations solides

En 2015, le professeur Robert Waldinger a révélé les résultats d'une étude réalisée par l'université de Harvard sur une période de… 75 ans. Pendant toutes ces années, quatre générations de chercheurs ont suivi un groupe de 724 personnes (seulement des hommes) pour comprendre ce qui rend heureux. Malgré les vicissitudes de l'étude qui traversa plusieurs guerres, elle fut menée à terme. Elle nous apporte un éclairage lumineux. Les hommes qui se sont déclarés les plus heureux tout au long de leur vie ne sont pas ceux en meilleure santé, ni les plus riches, ni ceux qui ont atteint le sommet de la société. Les hommes les plus heureux sont ceux qui ont entretenu quelques relations, peu nombreuses mais solides. Le secret du bonheur tient dans la qualité des rapports humains. Une belle vie est faite de belles relations.

3. Vivez pleinement l'instant présent

« *Carpe Diem* » disaient les anciens philosophes (« Mets à profit le jour présent »). Ce conseil de bon sens résonne toujours avec acuité dans notre vie où les sollicitations sont permanentes. Pour profiter de la vie, soyez ici et maintenant. Demain sera bien assez vite aujourd'hui. L'éminent psychologue Mihály Csíkszentmihályi, élu Thinker of the Year en 2000, a ajouté sa pierre à l'édifice. Il a défini le concept de *flow* comme un état mental atteint par une personne lorsqu'elle est complètement plongée dans une activité ; par exemple, un musicien qui improvise ou un sportif qui se donne à fond. Le *flow* permet d'atteindre le bonheur. En entreprise, il se cultive en permettant à chacun de faire à fond ce qu'il aime et dans lequel il excelle.

4. Dites merci

Le saviez-vous ? Dire merci rend heureux. Le lien entre gratitude et bonheur est scientifiquement prouvé. Obligez-vous à reconnaître les belles choses qui vous arrivent. Lors d'une étude menée en 2003 par le professeur Tal Ben-Shahar, des étudiants californiens ont été répartis en trois groupes. Le premier notait chaque jour cinq événements heureux, le deuxième cinq soucis et le troisième cinq événements au choix. À l'issue de dix semaines d'expérimentation, les participants du premier groupe (ayant noté cinq événements positifs pour eux) ressentaient plus d'optimisme, de satisfaction dans leur vie quotidienne et étaient moins malades. Quelles que soient les vicissitudes de la vie, faire preuve de gratitude apporte le bonheur. Soyez reconnaissants pour les choses simples qui vous arrivent : un bon repas, une rencontre sympathique, un mot d'encouragement d'un ami. C'est la meilleure recette pour avoir une vie plus belle.

Par où commencer ?

Et vous, à qui allez-vous dire merci aujourd'hui ?

....

....

....

....

Sur le thème « Développer son leadership relationnel », voir aussi les leçons 2, 3, 17 et 52.

Table des conseils pour…

Table des matières thématique

Développer son leadership

Renforcer son efficacité personnelle

Développer son leadership relationnel

Savoir décider

Inspirer et engager son équipe

Animer un collectif

Prendre la parole en public

Développer ses collaborateurs : le manager coach

Développer les compétences

Renforcer la performance de l'équipe

Être acteur de la transformation

Conduire un projet de changement

Renforcer la collaboration

S'adapter à un monde en transformation

Penser et agir en entrepreneur

Innover

Développer son activité

Piloter la performance

Imprimé en Allemagne par BoD

www.ingramcontent.com/pod-product-compliance
Ingram Content Group UK Ltd.
Pitfield, Milton Keynes, MK11 3LW, UK
UKHW051110230726
13924UKWH00011B/2262